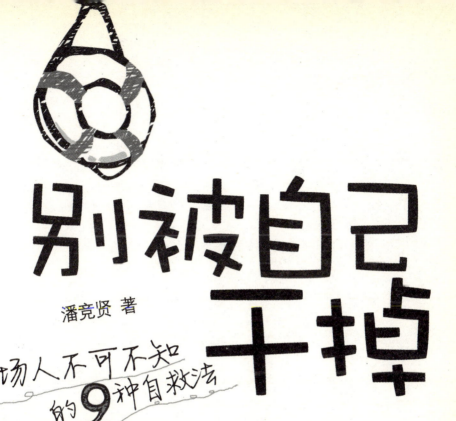

别被自己干掉

潘竞贤 著

职场人不可不知的9种自救法

ZHEJIANG UNIVERSITY PRESS
浙江大学出版社

目录 contents

推荐序

竞贤新著了一本书,书名乍看上去挺吓人,但细细琢磨,我想大家都能理解竞贤的用意。

有一个故事,可以很好地传达竞贤的良苦用心:

二战时期,法西斯分子决定杀害一个人,他们把这个人绑在柱子上,蒙住他的双眼,然后用一块薄冰在他的手腕上割了一下。然后,法西斯分子用一根细管往水桶里滴水,发出"嘀嗒、嘀嗒、嘀嗒……"的声音,很像是血液滴到地上。过了一夜,这个人死了。事实是薄冰根本没有划破此人的手腕,这个人毫发未损。可是他死了。

由于眼睛被蒙上,他看不到真相,只感觉到自己的血不断在滴,故而,对死亡的恐惧层层加重。最后,他真的死了,他是被自己吓死的!

这个故事告诉我们,很多时候,自己才是我们最大的敌人。

承认这一点真的不容易。成功学大师戴尔·卡内基曾说过,人们犯 100 次错误,99 次不会自责——别不承认,你我都是这样!

竞贤的这本书正好给我们敲了一下警钟，让我们清晰地看到自身在职场中常犯的9种错误。在我看来，这9种错误严重极了，其中任何一种都可能让我们陷于被动，甚至扼杀我们的职场生涯，使我们沦落为碌碌无为的人！

幸好！现在，竞贤拿着解剖刀，一层一层地揭开这些错误的本质，让我们在心底暗自念叨——"原来如此！"更重要的是竞贤坚定地告诉我们："没关系，只要付出努力，我们都可以有效地规避这些错误。"是的！我同样坚信大家都可以对这9种错误说"再见"，但别忘了一个重要的前提，那就是——付出努力。

竞贤在书中已经给出了行之有效的行动指南，这些行动指南简单而易行，使我们每个人都获得了"自救"的办法。大家参照这些方法，付诸实践，一定会受益匪浅。

我与竞贤相识十载有余，他的成长令人惊讶——从初出茅庐的职场新鲜人一路晋升为总监，他自然是付出了巨大的努力，更重要的是他掌握了畅游职场的轻松而从容的方式。现在，他将自己的心得和方式公布于众，使得大家能够受益，如此甚好！

写到此处，我又想起一种可爱的动物——水鸭子。人们看到水鸭子镇定自若地浮在水面，轻松、自信、悠然地畅游，其实，它们在水底下的两只脚却不停地摆动，正是双脚不停地摆动才使得它们能够在水面上如此悠然、自在。

要想畅游职场，我们也需要向水鸭子学习。任何光鲜的成功背后，必然凝聚着不懈的努力。

在本书中，竞贤所告诉我们的正是水鸭子在水底下如何摆动双脚的秘密，这是他的心得，更是他制胜职场的法宝。今天，他能够通过本书，将这一法宝拿出来与大家分享，实在是一件好事！祝贺他！也祝贺所有的读者！

邵雨[1]

2012 年春于苏州心斋

---

[1]　邵雨，管理学研究者，《向大师学管理》丛书主编，《中国优秀企业管理之道》丛书总策划。著有《突破——中国企业如何走出战略迷失》、《管控力——面向目标的执行方法》等。

前　言

人在职场,真正的对手是自己。

在地上画一条线,如何在不擦掉这条线的情况下,让这条线变短?

答案是:在这条线的旁边画一条更长的线。相比之下,这条线就变短了。

这个问题启示我们:要战胜别人,最好的办法就是让自己更强。所以,不断战胜自己,是你一生的战斗。

杀死自己的凶手

一个人能够在职场走多远,取得什么样的成就,这由很多因素决定,但归根结底,取决于自己!

凭什么得出这样的结论? 因为,所有的因素都可以概括为两种:外在因素和内在因素。其中,外因包括环境、限制条件、竞争对手等,而内因就是自己。外因是客观存在的,不会因为我们的主

观愿望发生改变,因此,计较外在因素根本没有任何意义。我们能做的,就是改变自己。

我们常常将失败归咎于外因,这完全是逃避责任的借口。成功人士,都会改变自己以适应客观因素,绝不会因为客观因素的制约而止步不前。

绝大多数不得志的人都会埋怨外因的不利,而不内省——这正是他们不得志的真正原因。不从自身找原因,不自我反省,恐怕永远也找不到失败的真正原因。要知道,阻碍自我发展的"元凶"就是自己!

别触犯职场禁忌

在职场有所成就,实现自身梦想——这条道路漫长而艰辛,很多人"出师未捷身先死",带着遗憾提前谢幕,退出了舞台;还有的人甘于平庸,混迹职场,一生也无所收获。

没有人可以穷尽遭遇职场"滑铁卢"的所有原因,但是,最根本也最常见的有 9 种"死法"。无一例外,这 9 种"死法"都是自杀,也就是说,这些都属于内因。既然外因根本无法改变,我们又何必追究呢?

这 9 种"死法"都是绝不能触犯的职场禁忌,一旦被它们缠身,麻烦也就随之而来。你很可能最终被"炒鱿鱼",或者被"打入冷宫",前途无望。

本书的主要内容就是对这 9 种自杀式"死法"逐一详述并且加

以分析,让你看清它们的真相,然后给出自救的方法。目的很明确,就是帮助你规避和化解这些禁忌。

拼职场,就要战胜自己

同在职场竞赛,你当然不可能减慢别人前进的速度。你能做的,就是提升自己的速度。只有当自己比别人更快的时候,你才会领先。

致力于"如何使别人慢下来",只会陷入纷争的泥沼,耗尽精力,却落得个两败俱伤的结果。将注意力聚焦于"如何使自己更快",不仅可以避免纷争,而且与人为友,各取所长,合作共赢。此等好事,何乐而不为?

让自己更强大——这是制胜的王道。当自我的磁场足够强大的时候,其他人就会被你吸引,主动向你聚拢。你将凭借他人之力,驾云腾飞。

另一方面,你必须战胜自己的弱点。别说你是完美的人——谁信啊?

木桶能装多少水,取决于最短的那块板。你的容量也取决于最短的那块板,尽力让短板变长,你的木桶就可以容得下更多的水。

经营你的个人品牌

诗人海子有一句诗:"该得到的尚未得到,该丧失的早已丧

失。"身在职场,你什么都可能会丧失——职位、薪酬、权力、人脉、资源……这一切都可能在瞬间变成浮云。唯有你的个人品牌不会丧失,永远与你同在。

个人品牌,简单地说,就是你在人们心中较一致的形象。

品牌包含两个重要因素:知名度和美誉度。可以说,这两个要素共同构成了品牌的力量。个人品牌同样也由这两个要素组成。

品牌的无形力量是不可估量的。可口可乐品牌的创始人曾说过,关于可口可乐的一切都可以没有,只要可口可乐的品牌在,就可以从头再来。

个人品牌决定着你在职场的发展。个人品牌一旦经营不善,就会被别人贴上负面的标签,例如:"不诚信"、"抠门"、"缺德"、"不守时"……当你被贴上这些标签后,个人品牌就有了污点。与那些臭名昭著的品牌一样,人们唯恐避之不及,又怎么可能与你合作?

而用心经营的好品牌又会怎样呢?我们先看一个故事:

秦朝末年的楚汉争霸时期,楚王项羽手下有一位叫季布的名将,作战骁勇,屡挫刘邦。刘邦因此对他怀恨在心。

汉朝天下一统之后,刘邦就悬赏追捕季布:任何人只要取得季布的头颅,可换千金;如果藏匿季布,诛杀全家。

律法虽然严苛,但还有人愿意庇护他,甚至替他向刘邦求情。到底是什么原因,使得众人在千金悬赏之下还不会出卖他呢?

原因就是季布是一个讲信用的君子。"得到黄金千两,不如得到季布的一句承诺"，说的就是季布的严守信用。

如果你的个人品牌像季布一样人人称赞，那么，何愁在职场没有好的发展？

要经营好个人品牌，你必须远离书中提到的 9 种禁忌。

写作本书的目的

五年前，我成为一名管理者，接触到不同性格、能力与素质的下属，其间的种种苦恼与困难，不必详述。总之，我深刻体会到身为上司的难处，也开始反思自己身为下属时的种种不当之处。

然而，在职场中，总是不断看到很多"自杀"的人。他们怨天尤人，却不自我反省；他们没有成果，却想方设法推卸责任；他们故步自封，不求进取；他们效率低下，处处拖延；他们眼高手低，狂妄自大……令人深感忧虑的是，他们丝毫没有意识到自身存在的问题，只是一味抱怨。

希望本书可以点醒梦中人，让他们意识到并非其他人或者客观原因阻碍了自己的发展，他们要战胜的，其实是自己。

真正的管理：自我管理

每个人必须而且只能对自己负责。

今天的管理者,已经不再是人们旧观念中"有下属的人"了。事实上,制造业的工厂领班,可能是很多人的上司,但他们对下属的工作既无责任也无职权,他们的行为不会对组织产生重大影响,所以,他们算不上管理者。

与此相反,有些并没有下属的人,由于身处组织行为的重要环节,其工作的成效将对组织产生重大影响。这些人虽然单独作战,但他们却是实质上的管理者。例如一位资深的新产品研发人员,他必须自己决定采用哪一种研究方式,而这个决定或许正是影响组织未来发展的重大决策。此时,他是自己的管理者,他管理的人是自己,而且,他必须彻底地对自己负责。

作为一个负责任的人,首先要做的就是对自己负责。不要指望上司或者其他人对你负责,你会失望的。身在职场,只有自己才是真正靠谱的——你早晚会对此深信不疑。

从现在开始,进行自我管理吧!你的目标、未来、前途、待遇、职位以及其他一切都必须由自己来争取。

最后,感谢你阅读本书,你一定会有所收获!

潘竞贤

2012 年初春于苏州

第一章

企业凭什么雇佣你?

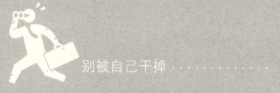
别被自己干掉·····································

职场自杀式 1：缺乏核心竞争力

蒋宇在某公司任职 8 年，是资历最老的员工之一。最近公司调整组织架构，人力资源部却为如何安排蒋宇的职位而头疼。各部门经理几乎异口同声地拒绝了蒋宇的加入，因为事实告诉他们，蒋宇几乎做不成什么事情。

无奈，人力资源部只得给他安排了一个顾问的职位，具体的工作职责待定。最终，蒋宇也觉得尴尬和无趣，只好主动辞职了。

职场中总有这样一些人——他们在组织架构调整时被各部门踢来踢去，最后被安置在可有可无的职位上；他们总需要依照他人的口令或指示来工作，工作方式无法自己说了算；他们总是配合别人的工作，而且轻易就被人替代；他们总是在打杂和跑腿，虽然忙忙碌碌，但都是"为别人做嫁衣裳"；他们难以独当一面，无法独立承担一份责任；他们没有明确的职业规划，也不知道自己能胜任的职位是什么；他们逐渐被边缘化，游离在组织的核心之外，结局要么是自己黯然离开，要么是被组织"扫地出门"。

他们，正是缺乏核心竞争力的群体。所谓核心竞争力，就是区别于他人的最重要的能力。核心竞争力是在职场角逐中胜出的关

键因素。如果你是缺乏核心竞争力群体的一分子，那么，你必须尽快作出改变。否则，后果会很严重。

透视职场

职场乃江湖。江湖从没有平息过，风起云涌，纷争延续。行走江湖，总难免受伤；人在职场，也是如此。职场的水很深，陷阱和禁忌很多，处处险恶。

诸如"职场法则"、"职场攻略"、"职场指南"之类的图书层出不穷，但是你还没找到一本真正的秘籍，能够让你在职场畅行无阻——事实上，不可能存在这样一本职场秘籍，如果有，那一定只是传说。别人的功夫不一定适用于你，仅仅依赖模仿和借鉴也是远远不够的。

真正的高手，必然是在实践中千锤百炼而修成正果的，他们已经将各门派的招式融于一身，驾驭自如了。

◎●如何期望获得更多回报？

要成为职场江湖中的高手，我们需要透过复杂、纷乱的表象，深入事物的内部来认识其本质，只有这样，我们才能从根本上把握事物，将其为我所用。在掀开职场面纱之前，我们必须了解两个概

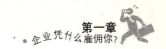

念——价值贡献和价值索取。

所谓价值，是物质与精神产品、有形的产品与无形的服务的总称。

你从呱呱坠地起，直到踏入职场之前，主要依赖父母的物质支持得以生存，依赖学校的教育得以成长、成熟，依赖社会中其他个体或组织提供的物质与精神产品来满足自身的多种需求——在这期间，你主要是以向社会索取价值来维持自身的生存与发展。

当你步入职场后，以自己的劳动生产产品向他人提供服务，这时候，你就在为社会贡献价值了。

价值贡献和价值索取的关系无时无刻不围绕着我们——当你在工作时，你为社会贡献价值；而当你周末大采购时，你向社会索取价值。当你为客户提供解决方案时，你在为社会贡献价值；而当你享受一位餐馆服务生的贴心服务时，你在向社会索取价值。

在当今社会中，价值贡献和价值索取的关系通常表现为销售与购买、服务与被服务的形式。人们很少意识到它的存在，但它确确实实存在着。

韩大伟是我初入职场时的引导人，也是我的上司。他在一次晨会上的分享，至今让我印象深刻。他的分享是这样的——

在世界上，有两件事难以做到：第一就是将自己的思想装进别人的脑袋中；第二就是将别人口袋中的钱装进自己的口袋中。

那么,究竟有没有真正奏效的方法呢?

只有一种办法,那就是为别人提供他们需要的价值。只有当他们切实感受到你提供的价值所带来的好处,才会心甘情愿采纳你的意见,以及为你的劳动付钱。

所以,直白地说,要想从别人的口袋中拿到更多的钱,本质上只有一种办法,那就是提升自己的能力,为别人创造更多的价值。

为更多的人提供服务,以及为服务对象提供更大的价值,是你获得更多回报的两种有效途径。假如你是一名销售人员,那么,为了拿到更多的提成金额,你必须开发更多的客户,或者为客户提供更多、更有价值的产品或服务。除此之外,还有什么更有效的方法吗?

◎●企业为什么雇佣你?

企业是以赢利为目的的组织,企业的一切活动都是为了赢利,不赢利的企业是不存在也是不可能存在的。

从本质上来说,企业依靠投入资源来实现赢利的目的,这些资源包括材料、生产设备、土地、品牌、渠道、人、资金、技术……其中,人是最关键、最重要的资源。人将所有的资源组合、开发,从而创造出新的价值。在许多依赖于人力资源的企业中,如生产制造业、服务业,人是创造价值的根本性要素,也就是说,这些企业正是通过对人的利用,来实现其赢利的目的。

程祥东是某公司的销售员,他是公司最用功的员工之一。上班时间,他几乎每一分钟都在与客户打电话,或者整理客户资料。晚上他常常加班到很晚,甚至周六、周日也不休息。

虽然如此勤奋,但他一直无法做出业绩。三个月、四个月、五个月、半年……他的上司每个月月底看到他"零业绩"的结果,好几次都想把他开除了。可是,看到他认真、用功的劲头,又一再给他机会。

这样的状态持续了一年,最终,程祥东还是被公司开除了。人力资源部给出的理由很简单——他在一年之内没有为公司创造一分钱利润。

程祥东虽然很勤奋,但仍遭到解雇,这是因为他无法为企业创造价值,也就是贡献利润。企业雇佣你的根本目的,就是希望你为企业贡献的价值大于索取的价值。只有当员工的贡献大于索取时,企业才能实现赢利的目的,才能实现永续经营。如果企业支付员工的工资大于员工创造的利润,那么企业必然亏损,最终也无法逃脱倒闭的命运。

企业雇佣你,不是希望你每天安分守己地坐在办公室,也不是希望你总忙得晕头转向,更不是希望你每天加班到深夜……这些通通不是根本目的,企业雇佣你的根本目的只有一个:赢利!

最大化地提供剩余价值

职位无贵贱,这句话固然正确,但这并不能成为你放弃高薪职位的理由。在任何一家企业,不可能所有的职位都一样重要。事实上,只有少部分的职位是非常重要的,这些职位承担着主要的赢利功能。

在一个规模不大的销售型企业中,除了市场部,其他的都是配合性部门,这些部门中的职位也许都是不可或缺的,但它们并不占主导地位。那些无法直接赢利的部门,如人力资源部、行政部、企划部,这些部门的员工收入也许要远远低于销售部一位绩效一般的业务员。

即使是人力资源经理这样高级别的职位,也许在某公司从事的是诸如招聘、核算工资、制定规章制度、采购办公用品等琐碎的事务性工作,其收入依然可能远低于销售部的普通业务员。在任何一家企业中,都存在着职位重要性的不均衡状态,这是由职位的赢利能力所决定的。

另一方面,职位的级别差异也造成了职位重要性上的不均衡。人力资源部门的招聘专员、绩效专员、培训专员,显然没有人力资源经理的职位重要,这是因为不同的职级承担着不同的责任和工

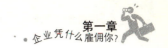

作内容。职级越高,工作的内容越广,承担的责任越大,其重要性也就越大。

◎●差异源于选择

如果有人告诉你:"甘于平凡的岗位,你一样可以成功。"请不要相信这样的话,它很可能会害了你。

读过《西游记》的人都会记得白马,它跟随唐僧多年,跋山涉水,去西天取得真经,最后返回大唐,成为誉满天下的"大唐第一名马"。

白马有个要好的朋友——黑驴。黑驴对于白马所享受的荣誉感到不服气,因为黑驴这些年来吃的苦、受的累一点也不比白马少,它拉着很重的石磨,日复一日地辛苦劳作,很少歇息。

白马和黑驴的付出差不多,可功劳却太悬殊,为什么？因为它们的选择不同——白马选择了崇高的取经事业,而黑驴却选择了原地踏步地拉磨。

很多时候,选择其实比努力更重要。仅仅努力是不够的,黑驴也很努力,重要的是我们为什么而努力。当你选择了一份非核心职位的时候,就注定你无法跻身公司的重要人才队伍中。如果你执迷不悟地坚持当初的选择,那么,你的不可替代性便难以形成,而年轻、有闯劲、薪资要求低的后来者层出不穷,公司凭什么还要留你？

　　钱刚和刘勇是大学同学。毕业后,他们进入同一家公司工作,职位都是储备干部。

　　3个月实习期之后,钱刚选择了难度大的市场推广工作,而刘勇则选择了轻松一些的行政工作。钱刚的工资结构是底薪加提成。刚开始,由于客户资源和自身能力有限,他的提成很低,每个月所拿的薪资都少得可怜。相比之下,刘勇的工资就高多了。

　　2年之后,情况发生了很大的变化。钱刚已经积累了相当多的客户资源,自己也由一名普通的销售员成长为客户经理,能力得到了很大的提升。业绩突飞猛进的他,每个月所拿的提成金额非常高,工资收入不菲。而刘勇的工资相比于2年前,上升的幅度只是一点点,而且,由于长期做着难度并不高的工作,他的能力得不到提升,他的思路、眼界和精神状态都要远远差于钱刚。

　　钱刚和刘勇的起点差不多,但因为选择有所不同,导致他们后来的职业生涯发展出现了很大的差别。如果你期望在公司长久立足,并且取得成就,拿到高薪,那么就必须向核心职位靠拢,也就是选择那些可以为公司创造更多利润的职位。只有这样,你才可以实现夙愿,达成目标。

◎●因为稀有,所以珍贵

　　为了形成自己的核心竞争力,你首先需要选择公司的核心职位。假使你现在身处配合性的职位,那么,你就应该作出努力,设法向核心职位过渡、靠拢。如果你已经身在核心职位的阵营,那么你也需要作出努力,向更高的职位级别迈进。

选择和努力都是不可或缺的成功要素——趁早放弃不劳而获的念头吧! 离开了努力,一切成功的愿望都是不靠谱的。

选择和努力,都是为了最大化地为企业提供剩余价值。职场江湖的残酷性就是用事实说话,用量化的数据来证明,利润数据让你的剩余价值一目了然。在事实面前根本就不需要辩解,辩解也没用——数据漂亮,你是王;数据糟糕,你就为寇。

我们甚至可以简单地将核心竞争力理解为创造剩余价值的能力。因为剩余价值真的太重要了,它是核心竞争力的核心。

当今社会,很多高学历的求职者不遭待见,频频遭到拒绝,而一些学历低、有一技之长的技工被高薪聘用,这是因为"物以稀为贵"。人力雇佣同样遵循价值规律,供求关系影响着价格。当人力市场上高学历的求职者多于企业的需求,其就业难度必然增大;而拥有一技之长的技工正是因为稀少而变得抢手。

聪明的职场人士善于培养自己的稀缺性,因为稀有,所以难以被取代。

张老师是我非常尊敬的一位大学老师。他的职位是院长办公室秘书长,同时兼任秘书学课程的讲师。

在课上,他给我们分享了自己的职业经历,给人很多的启发。

刚毕业时，他被分配到一家国有企业车间工作。由于能写一手好文章，他被领导发掘，很快就被调为秘书。

那个年代，电脑还没有普及，绝大多数人都不会使用。他花了很多时间和精力自学电脑，并最终可以熟练地操作电脑。当地一所大学公开招聘办公室秘书，并且明确要求会使用电脑。要知道，在那个年代，见过电脑的人都寥寥无几，会用电脑的人更少之又少了。他凭借自己的优势，得到了这个职位。

进入大学任职后，刚开始，他是院长办公室的秘书，他的工作能力强，尤其擅长与人打交道，而且，他还精通管理。因为这些稀缺的特长，他被提拔为秘书长。

稀缺性与专业性紧密联系在一起。专业人士精通于某一领域，达到了一般人无法企及的高度。他们是某一领域的专家，他们在该领域扮演着意见领袖的角色。他们的意见全面、着眼点高、具有建设性，这种专业性人才通常是难以被取代的。

虚妄的价值

很多人在某公司成绩不菲，但换到了另一家公司后却表现平平。很多外资企业的人做到部门经理的级别之后，无论在薪水还是职级上都很难有所突破，于是他们纷纷跳槽，大多数人跳到了民营企业。可是，民企的老板们很快就发现，这些经理人的能力远不如在他们以前所任职的公司时那样强。

某公司曾花费一笔不菲的费用，引进了一位总经理。这位总经理到任之前，在一家赫赫有名的外企任人力资源总监。

无论是老板还是员工，都对这位总经理寄予了很大的希望。总经理上任那天，公司为他举办了隆重的就职仪式。

然而，总经理上任一年后，并没有对公司作出实质性的贡献。他所发挥的作用，被员工们讽刺为"发言机器"。除了在会议上发言之外，他几乎没有做什么事。

他的工作能力也让人质疑。公司组织了一次管理培训，课程由他主讲，目的是辅导公司的中层干部们如何更好地管理部属。他所讲授的内容漏洞百出，无法自圆其说，对公司中层干部们提出的问题也无法给予很好的回答。他的表现令人失望。

管理学者吉姆·柯林斯在他的著作《从优秀到卓越》中告诫管理者：花费高额的代价引进人才（尤其是管理型人才），空降到公司，往往要承担巨大的风险。卓有成效的企业管理者往往是通过内部培养选拔出来的。

很多人对此难以理解，其实，原因很简单——公司的成功并不代表个人的成功。越是成熟的公司，对个人能力的依赖程度就越

小。越成熟的公司,运营体系越完善,各项规章、制度、架构、模式、文化、作业方法等都已经构建齐备,各岗位的员工按照职责要求各司其职,做好分内工作,公司就可以创造不错的成绩。换而言之,这样的公司依靠的是体系,而不是员工的个人能力。

很可惜,很多人并没有认识到这一点,他们将成绩归结为个人能力和努力的结果,于是,他们就产生了虚妄的价值错觉。

◎●公司品牌≠个人品牌

绝大部分求职者都希望能在知名企业任职,很多人为此付出了一些代价,他们宁愿自降薪资、放弃高级别的职位,也希望跻身名企。当然,他们将得到更多的回报。

为什么全世界的篮球运动员都渴望进入NBA(美国男篮职业联赛)打球?因为NBA是世界级的篮球运动品牌,世界各地最顶尖的篮球运动员都聚集到那里。只要进入NBA,篮球运动员的品牌就会飙升,名誉和财富也就接踵而至。普通篮球俱乐部里的篮球运动员,其年收入与NBA球员相比简直微不足道。

人们希望能进知名企业,尤其是世界500强企业,其道理是一样的。一旦进入名企,你的个人品牌就会大幅提升,名誉和财富也会同比上涨。更重要的是,你的求职简历或履历上从此就有了值得大书特书的材料,你的求职资本得到了很好的积累。

名企的品牌也会让人们产生虚妄的价值错觉。在名企享受

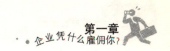

高薪和尊敬,很大程度上是企业的品牌所赐;一旦离职,与名企脱离关系,你的个人品牌将大大缩水,甚至暴跌到令人寒心的程度。

很多人将个人品牌等同于企业品牌,这无疑大错特错。

沈某是一家知名企业的大客户部客户经理,他与一位客户建立了非常"铁"的关系,这位客户每年都会为沈某带来上百万元的销售额。

后来,沈某离开公司自己创业。他信心满满地认为自己仍旧可以与那位客户合作,拿到订单。虽然销售价格比之前要低,可是,那位客户并没有继续与他合作。

客户发给他一封邮件,解释了不合作的原因:

"我们希望与公司合作,而不是公司中的某个人,更不希望掺和个人关系;我们看重的是公司的服务能力。"

很显然,那位客户在乎的是公司品牌,而沈某却错误地将公司品牌等同于个人品牌了。

一旦离开知名公司,你的个人品牌将大打折扣,那些基于公司品牌而建立的人际关系很可能会松动和断裂,这恐怕就是俗语所说的"人走茶凉"吧!你也许会因此产生世态炎凉的感觉,然而,这却是稀松平常的事,因为公司品牌不等于个人品牌。

自救法

确定核心竞争力

很不幸,总能看到一些上了年纪的职场"老鸟"们,虽然在一家公司效力多年,却仍旧在基层打拼,承受着来自年轻一代的压力;昔日的同事纷纷晋升公司管理层,而自己却滞留在原位。还有些职场人士,他们频繁跳槽,而且往往跨度很大,要么跨行业,要么换职位。可是跳来跳去,却始终在低处徘徊。

为了避免这些遭遇,你应该从踏入职场的那一刻起,就着手建立自己的核心竞争力。

◎●认识未知的自己

建立核心竞争力,你还需要"知己知彼"。所谓知己,是指认识自己的能力;所谓知彼,是指认识职位。

你必须充分认识自己的能力和职位。直白地说,求职与招聘,其实就是"买与卖"的关系。企业需要什么,你有什么,只要两者能够契合,成功就不是问题。然而,很多求职者没有梳理出自己的核心竞争力,也就是不知道自己会什么,这是导致他们求职失败的根

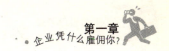

本原因。

薛冰到某公司应聘。在他的简历上,"求职意向"一栏写着文案策划、活动执行、行政专员、客户经理、项目助理。

面试官看到这些求职意向后,困惑地问他:"这些工作你都能做吗?"

薛冰点点头。

面试官追问:"那么,你最擅长哪一份工作?"

薛冰说:"贵公司不是招聘文案策划嘛,我擅长文案策划。"

面试官说:"我们公司不仅招聘这一个岗位,还有研发专员、教务专员、视频制作专员等。我看了你的从业经历,你之前从事的工作应该侧重于销售方面吧!"

薛冰回答道:"其实销售方面的工作只是一部分,还有很多我擅长的工作没有体现在简历上。您刚才说贵公司还招聘教务专员,您可以详细描述一下这个职位吗? 我对这个很感兴趣!"

面试官无奈地说:"是这样的,我们招聘员工,是希望能够发挥你们的特长,你能说说自己最擅长做什么吗?"

不了解自己的核心竞争力,如同不知道某件商品的功能,客户又怎么会购买呢?

对于自我能力的认知不可能是一劳永逸的,而是一个循环往复、不断深化和修正的漫长过程。

　　核心竞争力最好与你乐此不疲、一直在做并且愿意长久做下去的事情相关。从事自己不喜欢的工作，那一定是痛苦不堪的事情。人生的很大一部分时间都奉献在工作上，而工作却不是自己愿意去做的，这岂不是莫大的悲剧吗？

　　为了不让这样的悲剧发生，建议你在自己感兴趣的领域建立核心竞争力。假设你钟情于人力资源管理的领域，那么你就应该设法在这个领域培养或强化自己的能力。

　　除兴趣之外，很多人的核心竞争力来自于他们所学的专业。

　　市场营销专业的吴欣，毕业后进入一家大型肉食品加工与销售企业，担任销售专员的职位，负责销售渠道的开发与维护工作。他工作努力，能力突出，成绩出色，很快就晋升为区域经理。

　　工作八年后，他已经成为该企业的市场营销部总监，从一名优秀员工成长为卓有成效的管理者。

　　若干年后，他离开了那家企业，成为一名企业咨询师，将自己的实战经验传播给更多的企业，帮助它们走向成功。

　　吴欣的成长之路可谓一帆风顺，他从自己的市场营销专业出发，从基层的销售岗位开始，逐步巩固和提升自己的能力，最后形成核心竞争力。

　　姚力一直认为自己最大的能力是绘画。他高中毕业后报考了美术学院,学习了三年的油画;之后又跟随一位名家进修国画;走上社会后在出版社、广告公司、动漫公司等做过插画、设计和绘图之类的工作,但时间都不长。

姚力一直希望从事纯粹的绘画艺术创作,为了实现这个愿望,他最终辞去了所有工作,在家专心绘画。可问题接踵而至,他的绘画作品根本销售不出去。姚力没有任何经济收入,苦苦支撑半年后,他不得不再次走进了人才市场。

很多与姚力一样的人,难以判断自认为的核心竞争力是否真是核心。姚力的绘画能力无法为他创造必需的物质支持,这就算不上核心竞争力。

核心竞争力必须能够为你带来足够的物质支持,这样你可以通过购买产品或服务来满足自身的需求,并且追加对核心竞争力的投入,让这种能力发挥更大的能量,创造更多的效益。否则,要么继续强化自身能力,要么重新建立你的核心竞争力。

因此,检验能力是否核心的简单方法,就是计算一下这个能力为你带来的收入。

◎●职位认知

认识职位是你选择职位的基本前提。很多刚刚迈进职场门槛的新人,尤其是刚毕业的大学生,他们虽然看到了招聘启事上的职位名称,但不知道这些职位的具体工作内容和职责。

　　我曾面试一位毕业生,他在问答过程中常常答非所问。我感到很困惑,是我对问题的表达不清晰,还是他没有理解问题的意思呢?后来,我问道:"您是怎样理解所应聘的职位的?"他的回答完全与事实不相符。我这才发现,原来他根本就不知道应聘的职位是做什么的,他的答非所问也就不难解释。

　　对职位的认识是确定核心竞争力的重要环节。

　　首先,你需要认识职位的晋升空间。例如"培训专员"这个职位,其晋升空间可能是"培训经理(主管)"、"人力资源部经理"、"人力资源总监"等。一般而言,晋升空间越大的职位越有利于形成核心竞争力,因为竞争力会在晋升的过程中得到强化和提升。需要注意的是,同一个职位在不同的企业,其重要性可能大相径庭——A公司的管理部经理也许只是"打打杂",而B公司的管理部经理却掌握着员工的任免大权。因此,你必须考量职位的晋升空间及其在企业中的重要性。

　　其次,你需要认识职位的横向发展空间,也就是轮岗或调岗的可能性。还以"培训专员"为例,该职位横向发展空间可能是"绩效专员"、"招聘专员"、"培训讲师"、"课程研发专员"等。这些职位所从事的工作有些与培训专员相似或重叠,而且这些职位都隶属于人力资源部,属于人力资源管理范畴的各个模块,培训专员在日常工作中会了解或接触这些职位的工作,因此,培训专员向这些职位转岗是比较容易的。职位的横向发展空间越大,越利于形成核心竞争力。

西方的谚语说：没有亲尝过葡萄，很难知道葡萄的酸和甜。想要对某一职位深入了解，还需要亲自在该职位历练一番才能做到。而且历练的时间不能太短，浅尝辄止是无法体会到真味的。很多人为此耗费了大量的时间和精力，如果可以最终确定适合的职位，也不失为一件合算的事情。

即便如此，我们仍然需要尽量减少这样的耗费。

你可以调查那些卓有成效的核心人物的底细，看看他们初入职场的职位是什么，又是怎样逐步晋升的。

1993年，日本京都大学曾对2137家企业高管进行了调查，结论如下：从普通职员到主管的这段时期内，如果在经营、生产或管理部门工作过，要比在其他部门工作的人成为高层的可能性更大一些。在研究岗位或在海外任职的人成为高层的可能性比较低，虽然他们可能都是精英。企划部门的人虽然很快便能升到中层，但升为高层的概率要低于营销部门。

你还可以多向职场"老鸟"们请教有关职位的情况，了解各职位的发展空间。需要注意的是，别人的意见不可偏听，而应该综合多方面的意见并作出自己的判断。

◎●挺进核心职位

为了贡献更多的价值，你必须向核心职位挺进；如果你停留在可有可无的职位上，就永远不要期望成为不可替代的人。工作相同的时间，得到的评价、薪水却不同，这正是职位的差异所

决定的。

各职位的工作内容、责任范围、执行的难易程度等都不相同，把任何人放到那个职位上都能很快胜任，无论谁去做都能在一两个小时内完成，这样的职位就谈不上核心职位。相反，那些任职条件高、执行难度大，由于人选的不同，有人可能几小时完成，也有人可能几天才能完成的职位才算得上核心。

季可是某公司企划部的资深文案，由于工作表现出色，很快晋升为企划部经理。

可是，企划部相比于其他部门而言，其作用并不大，只是承担着产品的简单包装、公司网络宣传的工作，对公司的价值贡献微乎其微。季可虽然担任经理，但是他的工资相比于其他部门经理就少得可怜。

为了改变这样的现状，季可利用工作之余的时间学习项目管理的知识，还自己承担了高额的学费去听课。

机会垂青于有准备的人——公司引进新项目，以内部竞聘的方式选拔项目经理，季可在五位候选人中脱颖而出。

两年之后，季可负责的项目已经为公司贡献了几百万元的净利润，他的个人收益也相当可观了。

季可成功地实现了从非核心职位向核心职位的华丽转身，他的核心竞争力也在这一转变过程中形成。

　　范杰是某公司的研发部经理，他主持研发了很多获得市场广泛认可的新产品。可是，公司销售部一直没有人能够很好地向客户宣讲这些产品，所以管理层希望范杰能够承担产品宣讲的责任，因为公司上下没有谁比他更了解这些产品了。

　　然而，范杰很害怕在公共场合发言，他一看到台下黑压压的人群就紧张得说不出话来。公司为了帮助他成长，公费支持他去学习演讲的课程，并且创造机会让他在公司内部锻炼。可是，他始终没有勇气走上讲台。

　　公司管理层也无可奈何，最后只能高价外聘一位推广讲师。本可以晋升为项目总监的范杰，仍旧停留在研发经理的职位。

　　人们都习惯于做自己熟悉的事情。开拓新的领域既是对自我能力的挑战，又具有相当大的风险，失败的可能性很大。但一直做相同的事情，却希望收获更多的成果，这显然是不可能达到的。范杰不敢挑战新的领域，结果只能与晋升的机会擦肩而过。

　　如果你不甘心止步于现在的职位，而希望向核心职位挺进，那就必须在行为上作出改变——不再局限于做熟悉和擅长的事情，而是乐于接受新的挑战。

　　向核心职位挺进的过程是漫长而艰难的，你必须对此保持清醒的认识。如果能够轻易达成目标，那也许根本不存在核心竞争力。你要知道，核心竞争力是难以模仿和复制的能力，因此才具有

不可替代性。

海尔集团的做法值得借鉴,那就是"每天持续进步一点点"。只要你在前进的路上,那么抵达目的地只是时间问题。每天持续进步的一点点,累加在一起,其能量也是惊人的。

延续人力资本

所谓人力资本,就是劳动者身上具备的用于生产产品或提供服务的知识和技能的总和。长时间从事某项工作,自然能够积累相当丰富的人力资本。通常情况下,人力资本的积累越丰富,工作的能力就会越强。

拥有高学历和客车制造行业从业经历的王超,面临着职业抉择问题,摆在面前的有两个选项:一个是某大型客车制造公司的人力资源经理,另一个是某培训公司的总经理。后者职位更高,权限更大,而且薪资更高。

王超最终选择了后者。可是,任职后的王超很快发现自己严重缺乏培训领域的工作经验,似乎一切都得从零开始,这令他感到力不从心。他为公司作出的价值贡献也极其有限,与老板的关系日渐紧张,不到两年就被迫辞职了。

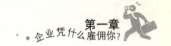

　　辞职后的王超陷入了尴尬的困境。在客车制造行业，他积累的个人品牌已经无效了；而在培训领域，他的经验又十分缺乏。他在职场上变得无路可走。

　　假设王超选择了去大型客车制造公司，工作两年后，他的个人品牌一定会得到提高，晋升为高管的可能性是很大的。即便没有晋升机会，凭借他在该公司积累的品牌，完全能够找到一个不错的去处。然而，人生是不能假设的，王超的失误在于他的选择没有使自己的人力资本得到延续。

　　王超在客车制造行业积累的人力资本并不适用于培训领域，这是导致王超惨遭"滑铁卢"的重要原因。

◎●人力资本如何延续？

　　为了延续人力资本，你需要选择能够提升个人品牌的公司。具有名企从业背景的员工和没有这一背景的员工，他们得到的待遇是不一样的。尤其是管理类的职位，即便能力相当，有过名企从业背景的员工和没有这一背景的员工，薪资水平可能相去甚远。名企的从业经历将是你打拼职场的重要筹码和资本，名企的光环将使你受益匪浅，哪怕作出一些牺牲，也要尽量挤进名企，因为最终你的收获会非常大。

　　高强毕业后，由导师推荐，进入一家知名企业实习。这家企业

身居行业"老大"的位置,在全国享有盛名。

但是,这家企业给高强的待遇却并不丰厚。在长达一年的基层锻炼时期,工资只能维持高强的基本生活。一年之后,高强的工资结构调整为底薪加绩效。由于缺乏资源和能力,他能拿到的绩效工资少得可怜。

虽然工资收入并不令人满意,但在一年多的任职期间,高强学到了最先进的理念和技术,能力得到了极大的提升。而且,经过规范化和标准化的训练,高强养成了良好的工作习惯,收获了丰厚的无形财富。

三年后,高强被"挖"到同行业的另一家公司,收入翻了一番。

身在职场,没有人会对你的未来负责,如果指望别人,结果必然落空。你需要持续不断地积累资源,因为人们只会向资源丰富的人靠拢,而绝不会去簇拥一个毫无资源的人。这并非世态炎凉,而是人之常情。因此,你必须持续不断地积累各种资源:提升能力、开阔眼界、拓展人脉、获知信息、积累财富,等等。

◎●**培养稀缺性**

要想长久地保持核心竞争力是非常不容易的,职场江湖向来不乏有能力的新人,他们具有更强的进取心和学习力,后来者居上是稀松平常的事。

　　李强和余永豪都是某公司的业务能手,公司每月评选的销售精英基本都由他们俩轮流当选。因此他们俩都被提拔为区域经理,带领团队作战。由于缺乏管理知识和经验,两人都走了很多弯路,浪费了大量的时间。

　　为了尽快成为一名合格的管理者,李强虚心向前辈请教,积极参加培训,工作之余阅读了很多管理类的图书,并在管理实践中不断吸取教训,总结经验;而余永豪感觉管理工作耗时耗力,严重影响自己的效率,自身业务量因此受到很大影响,于是他辞去了经理的职位,重新回到自己单打独斗的状态。

　　两年之后,李强已经成长为一名优秀的管理者,他的团队是公司的中流砥柱;而余永豪被众多的后来者超越,只是业务员中普通的一员。

　　李强和余永豪的成长路线启示我们:要保持领先地位,就必须培养稀缺性。仅仅作为一名业务能手,是很容易被超越的,而从业务能手升级为管理者,被超越的可能性就大大降低了。

　　为了培养稀缺性,我们需要不断地开拓新的能力领域。具备不同领域的能力越多,越具有稀缺性。李强精通销售,又学会了管理,他的核心竞争力建立在兼备销售能力和管理能力上,而余永豪的核心竞争力仅仅建立在销售能力上。一般人经过努力,很容易具备销售能力,而两种能力兼备的人则为数不多。

第二章

请给我成果！

别被自己干掉 ·

职场自杀式 2：无法提供成果

章亮被公司调任为项目经理，负责一个新项目。他很珍惜这次机会，所以加倍努力地工作，经常周末加班，出差也是家常便饭。

但是，这个项目的进展从一开始就不顺利：产品反复修改，市场推广更是举步维艰；团队气氛不和谐，人员流失频繁。项目进行不到半年，组员已经更换好几批了。

章亮多次向公司管理层解释原因，领导刚开始一直鼓励他，让他不要背负太大的压力。随着时间的推移，公司对该项目的投入增大，项目却毫无进展，管理层开始质疑他的能力，他只能选择默默承受。

一年过去了，章亮负责的项目依然没有取得实质性突破，没有为公司创造利润。他在年度总结大会上详细地分析了原因，指出了很多客观条件的限制。但管理层经过商议，最终还是决定撤销章亮的项目经理职务，理由是他没有为公司提供成果。

章亮身为项目经理，占用公司资源，却无法为公司提供成果。无论是什么理由，都无法为他的失职开脱。他被撤职是理所当然的事情。

在职场中,出现与章亮同样问题的人不在少数。他们可能很努力,但没有为公司提供有价值的结果。无论出于什么原因,他们最终都会被公司解雇。

无法提供有价值的结果,也就是成果,是职场一大禁忌。

结果 ≠ 成果

在职场中,有很多与章亮一样的角色,也许,他们勤恳、努力,服从上司的命令,积极配合同事。仅从工作态度而言,他们简直无可挑剔,只是,他们无法为组织提供有价值的结果。

让我们换一个角度思考问题吧!想一想:组织凭什么得以生存和发展?如果一个企业告诉顾客:我们已经很努力了,投入了所有的资源,耗尽了所有的心血,然后拿出一个不合格的产品,顾客会购买吗?当然不会!顾客永远不会为组织的勤恳、努力买单,他们只购买有价值的产品或服务。

如果一个组织无法为客户提供价值,那么它的命运就是被市场无情地淘汰,这是铁的规律,谁也不可能打破。与此同理,如果员工无法为雇佣他们的组织创造价值,那么,被淘汰是不可挽回的命运。

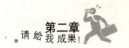

◎●成果至上

有价值的结果才是成果，才是有意义的，才是企业需要的；而没有价值的结果没有任何意义。很多人将结果等同于成果，于是他们为自己无法取得成果的行为寻找客观理由。殊不知，没有成果，任何理由都是靠不住的借口。在成果面前，根本不需要辩解。

很多时候，我们以为完成任务就可以了。上司要求写一份策划案，于是我们就东搬西抄地拼出一份策划案交给上司。至于这份策划案究竟写得怎么样，那是上司的事，如果上司觉得不满意，可以提出修改意见，然后我们再修改。然而，绝大多数时候，上司似乎也无法提出具体的修改意见。虽然大家都认为这份策划案不那么令人满意，却不知道应该如何将其变得令人满意。

这几乎是每一个组织经常遇到的问题——部属的工作，总在不经意间变成了上司的工作；工作结果令人不满意，却无法改进和提升；上司和部属的责任变得模糊不清。

我们必须透过现象看本质。其实，正确的做法很简单。上司将写策划案的任务交给你，最终的目的是这份策划案能够令客户满意。所以，你需要贡献的成果就是——在规定的时间内提供一份令客户满意的策划案。如果无法取得成果，就是失职。

理由很简单：这是你的责任，你必须百分之百地承担。如果

无法提供成果,企业为什么需要支付你薪资?

上司既然将任务授权给你,那么,你就应该拿成果复命。当然,上司需要为部属提供指导和资源支持,但这并不意味着你可以将责任反授权给上司,让他们来思考解决方法。

具体而言,成果必须满足以下条件:

第一,成果必须使问题得到解决。没有解决问题就没有任何意义,只有解决问题才是有价值的。

第二,成果必须与目标相一致。换而言之,成果必须与行动前人们对结果的期望相吻合。如果公司期望通过谈判能够以 20 万元的价格与客户成交,但谈判的结果却是 15 万元成交,这就不算取得成果,因为与目标不一致,或许 15 万元的价格根本无利可图。

第三,成果必须是百分之百完成的结果。即使距离一步之遥,也不会出现成果。

第四,成果必须是在规定的时间内取得的。很多行动一旦逾越了截止时间就毫无意义。

第五,成果必须是没有超越资源投入预算的。希望收获成果,就必须投入相应的资源。如果资源的投入没有限制,那么任何成果最终都是可以获得的。然而,资源是有限的,我们不得不设定资源投入的范围。超越了这个范围,很可能就变得无利可图,成果也就失去了价值。

无成果的行动毫无价值

企业雇佣你,是希望你提供成果。你占用公司的资源,享受公司发放的薪资,就理应以成果作为回报。可是,你真的时刻在思考和关注成果吗?

大多数时候,我们仅仅是遵从上司的指令开展工作,上司的点头认可意味着工作的完成。我们已经习惯于拖延和偷懒了,上网闲逛、玩游戏、闲聊、做私事、网上购物、打盹……这些根本不指向成果的事情占据了大量的时间。

我们的行动常常是无效的——漫无目的的沟通、议而不决的会议、不了了之的活动、束之高阁的制度、半途而废的项目……在有限的时间内,我们被形式主义包围着;我们不仅毫不顾忌地浪费自己的时间,而且恬不知耻地浪费别人的时间;我们寻找各种各样的理由为自己辩解;我们将责任推得离自己远远的;我们从未停止过埋怨、愤怒、指责……然而,我们却没有思考过该如何对成果负责!

还有一部分人重视勤奋。他们满负荷地工作,甚至不惜加班加点;他们没有时间陪伴家人,没有时间享受闲暇的时光,没有时间学习充电。总之,他们辛苦地忙碌着,却忽略了成果。他们认为

自己付出了很多,而公司给予的回馈却有限,公司亏待了自己;他们抱怨自己没有职权。然而,他们完全没有意识到公司是以成果来评价个人贡献的。

假设你现在是一位老板,员工们在年终大会上告诉你:

"我已经很努力了,可是市场太难做,我也没办法。"

"竞争对手把价格压得太低了,我们根本没有利润。"

"政策简直就是在跟我们作对,我想尽了办法,但真的太难了,我办不到。"

……

你听到这些言论,是何感想?也许,员工们指出的原因都是客观、真实、合理的,但是,公司会因此而不亏损吗?

如果没有成果,一切行动都是浪费资源;如果没有成果,你的行动就没有任何价值;如果没有成果,公司就会倒闭!

◎●你的行动有效吗?

我们可以大致将职场人士分为体力工作者和知识工作者。

工人、服务员、快递员、采摘工、维修工、厨师、理货员、银行柜面人员、校对人员、售票员、司机……这些职位可以统称为体力工作者。

企划人员、设计师、培训师、人力资源管理者、经理人、研发人员、教师、策划编辑、企业顾问、咨询师、文案人员……这些职位可以统称为知识工作者。

衡量体力工作者的工作是否有效，这是一件并不复杂的事情，因为他们的工作成果都是可以量化的有形产品，或者是能够直观感受到的服务品质。我们可以用数量和质量来进行评价。例如：在规定的时间内制成了多少件衣服以及质量如何？在规定的时间内服务了多少客户以及客户对其服务质量的评价如何？

随着社会的发展，知识工作者变得越来越多。由知识工作者构成的组织比比皆是，如出版机构、创意公司、广告公司、策划公司、咨询公司等，都是典型的由知识工作者构成的组织。而且，在今天的社会中，知识工作者在组织内承担的角色越来越重要，尤其是身居高位的管理者，他们的成果将在很大程度上决定着组织及其成员的命运。

比尔·盖茨与微软公司、山姆·沃尔顿与沃尔玛百货有限公司、杰克·韦尔奇与通用电气公司、福特与福特汽车公司、乔布斯与苹果公司、松下幸之助与松下电器公司、盛田昭夫与索尼公司、柳传志与联想集团、任正非与华为技术有限公司、张瑞敏与海尔集团、马云与阿里巴巴集团、马化腾与腾讯公司、俞敏洪与新东方教育科技集团、王石与万科集团……凡是伟大的组织，无不与其卓越领导人的名字联系在一起。可以说，正是这些卓越的领导者，成就了这些卓越的组织。

如何判断知识工作者的工作是否有效？这个问题似乎并没有引起人们足够的思考。大多数人的做法是借鉴体力工作者的衡量体系，对知识工作者进行量化的考核。

然而,实践的结果却令他们感到失望。他们很快就发现这套衡量体系并不适用于知识工作者。管理大师彼得·德鲁克在《卓有成效的管理者》一书中告诉我们:"知识工作者本人必须自己管理自己,自觉地完成任务,自觉地作出贡献,自觉地追求工作效益。"

如果你是一名知识工作者,任何人都无法对你进行严密和细致的督导,因为你的主要工作方式是思考,而别人不可能透视你的思想。你只有自己对自己的有效性负责,换言之,你必须对自己进行有效的自我管理。

张腾勇是某服装公司从香港聘请的设计师。设计需要灵感,为了寻找灵感,他常常不在办公室坐班,而是经常在厂区内闲逛,或者去外面喝咖啡。即便是坐在办公室,他也常常是头靠在椅子上,仰面朝天,一动不动。

从他办公室门口经过的两个行政人员看到了他的工作状态。

一个人不解地问:"他在干吗?是在工作吗?"

另一个人说:"思考设计方案吧。"

一个人说:"天知道他是在思考晚饭吃什么,还是在思考服装该怎样设计?"

行动的有效性就是对成果负责。你所贡献的成果对组织产生实质性的影响,而且这个成果必须由你贡献,这时,你就决定了组织行为的成败,更影响着其他人的工作意义。如果你无法贡献成

果,就会导致组织行为的失败,其他人的付出将因此变得没有
价值。

◎●真的"只能这样"吗?

为数不少的员工在汇报结果的时候,常常对上司说:"我尽了
最大的努力,只能这样了!"

真的"只能这样"吗?举个例子,秘书是很多企业都有的职位,
通知会议是秘书工作中最常见的一项内容。现在,让我们看一看
不同级别的秘书对于通知会议这项任务所贡献的结果吧——

第一级秘书,用电子邮件向所有与会人员发送会议通知,或
者在看板上贴出会议通知,然后准备相关会议用品,安排会
议室。

第二级秘书,发出通知之后,再给每一位与会人员打电话确
认,确保所有人都被通知到。

第三级秘书,发了通知、电话确认后,在开会前半小时提醒所
有与会人员。对临时有急事无法参加会议的人,及时向会议组织
者汇报。

第四级秘书,发通知、电话确认、会前通知后,依照会议准备清
单,核查会议用品是否准备齐全,并调试电脑、投影仪、麦克风、音
响等设备。

第五级秘书,做完上述工作之外,还研究议题,搜集与议题相
关的资料并且发送给每一位与会者。

第六级秘书,做完会前的所有准备工作之外,还在会议过程中做好详细的会议记录。

第七级秘书,会议结束后,还整理会议记录,请示会议组织者是否发送给与会人员或者其他人。

第八级秘书,并将在会议上确定的各项任务落实到相关责任人,经过当事人的确认后形成书面的备忘录,交给会议组织者与当事人,然后定期跟踪各项任务的完成情况并向总负责人汇报。

第九级秘书,除了完成以上工作,还将会议的整个过程形成标准化的流程,让任何一个秘书都可以按照此流程开展工作,形成一套不依赖于任何个人的会议服务体系。

同样的任务,不同级别的秘书所提供的成果却不相同。很多时候,我们对上司说"只能这样",难道真的没有改进的余地吗?你是否真的尽力了?你贡献的成果是上司想要的吗?

没有任何借口

知识工作者即便是孤家寡人,但只要他们的成果对组织的经营活动产生重要影响,而且无法被他人所替代,他们就是至关重要的管理者。他们管理的是自己的行为和成果,他们是自己的上司,

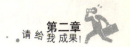

他们的下属是自己,他们对自己负全部责任。

如果你是一位自我管理者,那么就该遵循管理的基本法则:拒绝任何借口。管理者是不找借口的,所有的责任都要无条件承担,这是管理者必须履行的职责。

◎●在射击之前提出问题

"瞄准,瞄准,瞄准,瞄准,射击!"这是射击训练时常用的口号。瞄准需要准确地定位射击对象,并做好射击准备。在整个射击过程中,最重要的工作内容是瞄准。

我们可以将实现目标、取得成果的行动比喻为射击。目标是靶子,成果是取得好的射击成绩(命中靶心)。人们常将注意力集中于射击行为,也就是具体的执行工作,容易忽略定目标、做准备的瞄准工作。于是,戏剧性的事情发生了:扣动扳机,命中靶子后,却意外地发现自己打错了靶子。

大家一定还记得 2004 年雅典奥运会的美国射击运动员马修·埃蒙斯,在男子 50 米步枪射击比赛中,成绩一直处于领先地位的他,在最后环节发生了极大失误,被记为零环,丢掉了触手可及的金牌,连前三名都未能进入。原来,最后一枪,他打到了别人的靶子上。

"瞄准"工作除了设定目标,还包括为实现目标而做的准备。仅有一个目标还远远不够,无法落地生根并结出丰硕的果实。只有针对目标制订出详细、切实可行的策略与行动方案,并配备相应

的人力与物力资源,实现目标才会变得有把握。

瞄准阶段是提出问题的时机。首先,在这个阶段提出的问题越多,说明你思考得越周全,越有助于目标的实现。其次,在这个阶段提出问题,可以让你的上司充分认识实现目标的难度和阻力,降低上司对成果的期望值,肯定你所作的贡献。再次,在这个阶段提出问题,才可能获得充足的资源支持,从而保障目标顺利实现。

当然,我们无法在设定目标时将所有可能出现的问题穷尽。在具体的执行过程中,意料之外的问题总是不期而至。此时,我们应当及时向上司汇报和请示,不要隐藏问题,更不能擅自主张。否则,一旦出现不良的后果,你将难辞其咎。

自救法

承担百分之百的责任

在不良结果面前,请主动承担责任。没必要解释,所有的问题都应该在设定目标或者执行过程中提出,而结果必须由你百分之百地负责。

　　身为销售经理的曹松,在公司会议上详细地分析了上半年度销售业绩惨淡的原因:好几位优秀的业务员离职了,而新的业务员能力达不到要求;人力资源部对业务员的培训不到位;业务提成点偏低,难以调动员工的积极性;公司产品的成本相比于同行业其他公司而言偏高,与客户的价格谈判很困难,客户往往嫌贵而无法成交;竞争对手采用不正当的手段……他的发言持续一个多小时,分析详细,阐述周全。

　　总经理听完曹松的发言,拿出年初制定的销售目标责任书,责任书上白纸黑字将目标写得清清楚楚,而且是由曹松签字确认的。

　　总经理问曹松:"责任书上关于上半年度的销售目标是什么?"

　　曹松看了看责任书,说:"半年内销售额完成680万元。"

　　总经理继续问:"那么,你实际完成了多少?"

　　曹松此时脸色已经通红,他说:"245万元。"

　　总经理接着说:"你所分析的原因很有道理,都是事实。但是,这能说明什么问题?公司会因为这些原因而不亏损吗?"

　　曹松无言以对。

　　趋利避害乃人之本性。在责任面前,人们会本能地选择逃避,但这绝不是正确的做法。

　　如果最终结果与目标不相符,那么,请不要解释。因为在未达到预期的结果面前,再多的解释也是掩饰。请选择承担起全部的责任吧!

◎●聚焦于解决问题

不良的结果产生了,这虽然不是我们希望看到的,但我们仍旧要无条件地接受它。此时,我们应该将注意力聚焦于如何解决问题,以及如何最大限度地挽救损失。问责应该放在妥善地解决问题之后,而不是在损失还没有得到遏制的时候。

某培训公司的销售部经过两个月的努力,仍旧没有招到计划的学员人数。这意味着公司将因此亏损。距离课程开始还有一周时间,公司各部门负责人聚到一起开会,商讨对策。

会上,销售部经理埋怨教务部没有找到知名度高的老师,还抱怨企划部对课程包装不到位。教务部和企划部也针锋相对,指责销售部推广不力。各部门经理都试图推卸责任,会议气氛一度很紧张。

这时,总经理示意大家安静。他说道:"现在还不是探讨谁是谁非的时候,因为还没到最后一刻。我们应该将注意力集中于如何在最后一周的时间内,齐心协力,再招一些学员,尽量挽回损失。"

大家羞愧地点点头,将话题转向如何突击招生上来。

找到问题产生的真正原因,是解决问题的前提。然而很多时候,人们出于逃避责任的本能,总是从自身之外寻找原因,但这样做只会导致与真正的原因擦肩而过,因为 80％的原因源于自身。

解决问题是唯一有价值的行为。只有将注意点聚焦于解决问题,而不是逃避责任,我们才会主动从自身找原因。

为了解决问题,我们需要做到以下三点:

第一,准确地定义问题。当某培训公司的一位员工说:"我们现在遇到的问题是老师总是将课讲砸。"那么,究竟怎样才算课程"讲砸"了?我们必须召集相关人员对这个问题的定义进行讨论。因为不给问题下定义,就无法明确问题的本质,人们对问题也无法形成统一的认识。例如:有人认为课程的内容跑题就是讲砸了,有人认为客户投诉就是讲砸了,有人认为老师讲得不够有激情、学员听得没劲就算讲砸了,等等。定义问题不准确,就无法正确地解决问题。

第二,寻找问题产生的原因。准确地定义问题后,我们就要寻找问题产生的原因了。课讲砸的原因有很多种,例如:由于讲师对客户的需求把握不准确,导致课程内容与客户需求脱节;对讲师个人能力的评估不全面;课程内容与课题不相符,等等。找出所有原因之后,我们还要把握主次,挑出最根本的原因。

第三,针对性地制订解决方案。针对原因,制订切实可行的解决方案。解决方案不能停留在概念和口号的层面。例如:为了杜绝砸场的问题,必须对讲师的综合能力进行严格的评估。这还不能算切实可行,我们必须进一步往下思考:如何评估讲师的综合

能力？我们可以制订讲师审核程序、绘制讲师资格评估表、要求每位讲师提供一小时以上的视频资料、讲师课程大纲必须提供三级目录，等等。

以成果为导向

有这么一幅题为"挖井"的漫画：一个扛着锹的人径直往前走，寻找挖井的地方，口中抱怨道："为什么没有水？"而他身后是一连串没有挖出水的井，每口井下面的不远处就是水源。

漫画中的挖井人浅尝辄止，没有将一口井深挖下去。所以虽然挖了很多井，却没有一口井是有水的。

看到这幅漫画，我们往往会忍不住嘲笑这位挖井人，可我们自己的日常工作却充满了这样的无效劳动。很多工作没有持续到取得成果时就随意放弃，很多项目未见成效就早早夭折。我们的行动并不连贯和持续，常常半途而废。因此，成果离我们总有一步之遥。

为了取得成果，我们必须持续不断地挖井，直到井中涌出水来。换言之，我们需要将行动持续到取得成果。

工具的选择影响着行动的有效性。随着科技的发展，我们越来越深切地感受到工具的改进为行动的有效性带来的翻天覆

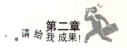

地的变化：原来需要辗转数天才能到达收件人手中的一封信件，现在只需要轻点鼠标，瞬间就可以实现传送的目的；本来需要厚厚的一沓稿纸才能容纳的信息，现在输入电脑，所占的内存只有一点点。

今天，我们与客户的沟通变得方便而快捷了。我们可以借助专业的软件，对工作过程进行更精细化的管理。我们可以引进新设备、新技术，使工作效率成倍地提升。因此，不要拒绝使用新的工具，为了让工作更有效，我们必须保持对新工具的学习热情。

除此之外，方法的选择也深刻影响着工作的有效性。

顾敏是某公司市场部第二组的组长，负责带领组员销售公司的产品。刚开始，顾敏与第二组的组员沿袭公司固有的销售模式——电话销售。与其他小组相比，第二组的销售成绩平平。

后来，顾敏在一次培训中接触到了会议营销。她感觉这种销售方式可能比单纯的电话销售更有效，于是她引进了会议营销的方法，并在自己的小组中试用，结果成效显著。第二组的业绩很快就超越了其他小组，比其他小组的销售额总和还要高很多。

由于方法的改变，工作的有效性可能发生巨大的变化。因此，我们需要致力于发掘新的、更为高效的方法，这样才能确保取得最终成果。

◎●思考"我能贡献什么?"

很多时候,我们对于"将工作做好"缺乏正确的认知,究竟达到什么标准可以说"做好"了?是上司的点头认可吗?是符合规范和要求吗?是达到既定的标准吗?

这些当然很重要,但我们更应该思考如何最大限度地为成果作出贡献。只有这样,我们才能不断挖掘自身潜力,提升贡献度。

郭威是某培训公司新调任的师资管理部经理。在郭威上任之前,师资管理部所承担的责任是新师资的开发和已有师资的关系维护,并不承担赢利任务。公司管理层对郭威的希望也仅仅是做好师资管理工作。

郭威上任后,却没有安于完成本职工作,而是时常思考"我能贡献什么"。终于,他发现完全可以凭借师资管理部门的力量,对尚不知名的培训师进行策划与包装,并可以将师资管理部打造为一个输送师资的专业机构,开展与各培训公司的合作,为它们输送优质的师资,当然也包括自己公司。

这样做之后,师资管理部迅速强大起来,人员增多,业务繁忙,竟然成为公司效益最好的部门。

专注于思考"我能贡献什么",不仅有助于做好本职工作,还可

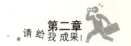

能发现新的贡献机会,从而创造更大的价值。如果郭威仅仅满足于做好本职工作,那么恐怕就没有机会将师资管理部打造为效益最好的部门。

专注于思考"我能贡献什么",要求我们从如何最大化地为客户提供服务和创造价值、如何增强赢利能力、如何取得更多的成果出发,思考自己究竟应该做什么。

为了开拓自己的价值贡献领域,我们可以从以下三点着手:

第一,围绕公司级目标,主动承担工作任务。公司级目标必须分解、落实到每位组织成员身上,才能成为可实现的目标。在分解公司级目标时,有人为了逃避责任,减少工作量,常常寻找借口推脱属于自己职责范围内的工作。这样做会严重破坏同事间的关系,而且会引起领导的反感。我们应该站在协作共赢的角度,发挥自身所长,为了实现公司级目标,主动承担自己的工作任务。

第二,从自己做转向制定流程、标准、工具,帮助更多的人胜任工作。一个人的能力是有限的,为了最大化地发挥作用,你可以将自己卓越的工作方法制定成流程、标准、工具等文件,让任何一位新人只要依照文件操作,就可以轻松地胜任工作。为了帮助新人,你还需要为他们提供辅导。

第三,整合资源,为客户提供更多的价值。企业的生存与发展,从根本上取决于持续地为客户创造价值。因此,每一位职场人,最根本的出发点应该是最大化地为客户创造价值,而不是博取

领导或同事的满意。

◎●修正行为的轨道

你一定曾有过这样的经历：某件工作周期较长的事情，做着做着，突然就迷失了方向，不知道怎样将其进行下去了。

这是因为你的行为偏离了既定的轨道，离成果越来越远了。此时，你应该回归最初的动机，思考一下做这件事情的目的和期望的结果是什么。只有这样，你才能走出迷失状态，看清通往成果的道路。

某公司的黄总经过深思熟虑，决定做一个新项目，主要为大学生提供求职与就业的在线多媒体课程。

随着项目的深入，黄总接触到很多新的资源，也产生了很多新的想法。于是，这个项目慢慢偏离了最初的设想，演变成了一个为大学生打造学习、娱乐、生活的网络在线平台。

显然，后者是一个庞大的项目，需要在时间和金钱上都付出巨大的投入。黄总开始感觉到力不从心。

后来，黄总的好朋友提醒他，应当回归到最初的构想，将行动的目标思考清楚，然后再采取行动。黄总经过认真思考，认清了自身的资源和实力，于是将自己的行为重新调整到为大学生提供在线多媒体课程上。

人们在职场上走得久了，走得远了，往往会忘记出发的目的。此时，我们要停下来，回头审视自己走过的路，并且重新明确出发的目的。如果发现自己偏离了既定的路线，就应当及时作出调整。

然而，无论你如何小心翼翼，都可能会走上弯路，尤其是目的地遥远、道路曲折的时候，很容易就会误入岔道。你为此白费了时间和精力，甚至付出了惨痛的代价。因此，为了尽量降低走弯路的概率，你需要时刻思考自己的行为是否指向成果，如果不是，立即停下来，修正方向。

◎●杜绝形式主义

你的工作是否处处充斥着以下内容：没有明确主题的例会、必须遵循的莫名其妙的规章制度、每天喊口号却对口号的含义无动于衷、不得不花费相当长的时间以书面形式汇报工作、为了觅得华丽的辞藻来粉饰苍白的工作成果而苦思冥想……这些繁琐却毫无成效的形式主义，占据着宝贵的工作时间，给我们的工作带来了巨大的破坏。

或许你对形式主义深恶痛绝，可人在职场，身不由己，你不得不满腹怨气地去履行那些毫无价值的形式。

很多时候，即便知道某件事只是走走形式，不会带来实质性成果，你也只能选择执行。你能做的，或许就是尽量发掘这些形式的价值和意义，使其发挥有益的作用，哪怕这样的作用微乎其微。

　　大多数情况下,是我们自己选择了形式主义。如果你心甘在办公室无所事事地度过一天又一天;如果你言过其实,粉饰事情的真相;如果你的行动毫无成效,那么,形式主义已经在你的工作中大行其道了。

　　果断地杜绝这些行为吧! 将所有的注意力集中于成果,时刻谨记:唯有成果才是有价值的,请拿成果向你的上司复命。

第三章

先有目标，还是先有工作？

别被自己干掉 ·

职场自杀式 3：目标缺失

先有目标还是先有工作？绝大多数人都没有认真思考过这个问题。我们遵循上司的指示开展工作，局限于完成上司交代的任务。我们上网看八卦新闻、玩游戏、网购、闲聊……坐等上司布置下一个任务——这一切看上去没什么不妥，我们已经习惯了。

你甚至还反感设定目标的行为，嘲笑那些进行目标管理的人，说他们是"没事找事"。

直到有一天，你发现他们突然超越了你，你被他们远远地甩在身后，而且看上去距离还会越来越远。你惊醒了，开始思考问题出在哪里。

没有目标的人就没有努力的方向和动力，他们在鞭策和监督下被动地往前走。他们只是负责执行，不可能成为引领者。而那些目标明确的人，即使路程遥远，行走艰难，也总会到达终点。

1952 年 7 月 4 日，加利福尼亚的海岸笼罩在浓雾中。一位 34 岁的美国妇女从卡塔莉娜岛（Catalina Island）上一跃跳入太平洋，她要从那里游向 21 英里以外的加利福尼亚州海岸。

她就是第一位挑战卡塔莉娜海峡的女性——弗罗伦斯·查德

威克。海水冻得她身体发麻,海面上的浓雾阻挡着视线,她几乎连护送船都看不到,只是孤身一人在茫茫大海中坚定地游着。

千万人在电视前等待见证她的创举,但他们盼到的却是她的失败。这发生在她下水后的第15个小时:当时,她感到又累又冷,觉得自己确实不能再游了,于是请求随船的教练及她的母亲拉她上船。尽管教练不断地告诉她海岸很近了,让她千万不要放弃,但当她朝加利福尼亚州海岸望去时,却只看见浓雾弥漫。

最终,这位勇敢的挑战者选择了放弃——可是,这时她离加州海岸只有不到半英里的距离!事后,查德威克总结道,令她半途而废的既不是疲劳,也不是寒冷,而是她觉得自己在浓雾中根本看不到目标在哪里。

"说实在的,"她对记者说,"我不是为自己找借口,可是如果当时我看见了陆地,也许就能坚持下来,游完最后的半英里。"

几个星期后,弗罗伦斯·查德威克决心再次挑战卡塔莉娜海峡。这次海面上还是一片浓雾,能见度很低,但她成功了!虽然延迟了两个月,但她仍然是游过卡塔莉娜海峡的第一位女性,而且比男子的记录快了近两个小时。为什么在同样的天气状况下结果会如此大相径庭?因为,这次她看到了目标——梦想中的加州海岸不是在她眼前,而是在她的心里。这种意念的力量足以推动她坚持下去,到达成功的彼岸!

弗罗伦斯·查德威克的故事再次告诉我们，目标无论对于我们的人生还是工作，都具有非凡的意义。概括而言，目标引领着我们不断前进。

没有目标，是职场人常常触犯的一大禁忌。

别说你有目标

很多人理直气壮地说自己有目标——当一个企业家、成为一个富翁、做一个成功人士、成为一个白领……诸如此类的目标数不胜数。

然而，这样的目标会实现吗？答案是：几乎不可能。

这些根本就是伪目标。现在，我们针对以上的目标进行反问："达到什么样的条件就称得上是企业家？资产有多少才是富翁？成功人士的标准是什么？什么样的人才是白领？……"这些都是值得商榷的问题，仁者见仁，智者见智，很难有所谓的正确答案。

如果我们的目标是不科学的，那么又如何去实现呢？

◎●什么样的目标才是科学的？

什么样的目标才是科学的？具体来讲，科学的目标具有以下特征：

第一，明确而具体。对目标的描述应该是明确而具体的，主要体现在定语的使用上。例如"我要成为一名富翁"这样的描述不够明确和具体，可以改成"我要成为一名拥有自己的集团公司、资产排名位居全国前十的富翁"。

第二，可衡量的。目标有没有实现，这需要衡量的标准。如果只是简单地说"我要做一个成功人士"，那么就难以衡量这个目标是否达成。因为每个人对成功的定义都不一样，有人认为月薪上万元就可以算得上成功，而有的人却认为自己能够站在霓虹灯闪烁的舞台上唱歌才算成功。为了达到可衡量的目的，目标应该尽量用量化的数字来描述。例如："我要做一名拥有价值300万元独栋别墅、价值50万元私人轿车的成功人士。"

第三，积极的。根据科学研究结果我们得知，人类的行动很大程度上受到大脑潜意识的支配，而潜意识只接受正面的信息。当你对自己说"出门时别忘记带上钥匙"的时候，潜意识记住的其实是"忘记带上钥匙"；当你对自己说"不能再这样胖下去"，潜意识记住的其实是"这样胖下去"。简而言之，就是我们的潜意识无法记住"不"。因此，你应当换一种说法，变成"我出门时要带上钥匙"、"我要让自己变得苗条起来"。用积极的话描述目标，你的潜意识才会接收有效信息，督促你实现目标。

第四，有时间限制的。当你说"我要完成一份8000字的报告"，你可能会花费一周，也可能要花费一个月，甚至是永远也完不成，因为你并没有为这个目标设定必须完成的时间。无数的目标在"明日复明日"的拖延中夭折了,还有些目标一旦逾越时间期限,就失去了实现的必要性。因此,你应该这样描述目标:"我要在本周四之前完成一份 8000 字的报告。"

第五,有挑战但是可以实现。科学的目标应该是"跳一跳才能摘到的桃子",如果毫不费力就可以实现,那目标就不具备激励作用;如果目标高高在上,无论如何努力也不可能实现,那就没有努力的必要了,不如放弃。因此,目标必须具有一定的挑战性,同时必须是经过努力之后可以实现的。

悬而不落的目标

人们常说:"世上最远的距离是目标与现实的距离。"在人的一生中,很多目标是无法实现的。除了一些无法克服的客观因素之外,还有什么原因致使目标一次又一次地失败呢?

根本原因是缺乏切实可行的策略与行动方案。目标停留在纸上,永远只是一纸空文,不会落地。很多人并不知道,一个完整的目标应该包含策略与行动方案,而且,这是最重要的部分。

◎●将目标分解为行动事项

简单来讲,目标分解就是将一个总目标分解为不同的小任务,

再将小任务分解为具体的行动事项。在目标分解的过程中,目标被逐级细化和具体化,最终落实为可操作的事项。只要我们将既定的事项逐个完成,目标就必然可以实现。

    黄强被任命为项目经理,负责某公司的管理咨询项目。该项目周期 3 个月,涉及的工作内容繁多而庞杂。

    项目实施的初期,黄强感觉到很大的压力。因为事情太多,不知道从何着手,他"东一锤子西一榔头"地盲目推进,成效甚微。客户对黄强的工作提出了质疑。

    项目总监了解情况后,建议黄强把所有的工作内容罗列出来,写到纸上,按照实施时间的先后顺序进行排序,然后将不同模块的工作分开。这样一来,原本周期长、工作内容多的项目就被分解成很多个周期短、工作内容少的具体任务。黄强采取逐个击破的办法,一项项地完成任务,并将每一项成果及时向客户汇报。客户对此非常满意,项目进展由此变得一帆风顺。

    分解目标时,我们需要在不同的工作阶段设定标志性成果。假设某公司希望在一年之内开设 15 家直营店,那么,可以将每开设 5 家直营店作为一项成果,也就是说,这个目标一共由 3 个阶段性成果组成。

    设定阶段性成果的目的是什么?先让我们看一段报道——

1984 年,在东京国际马拉松邀请赛中,名不见经传的日本选手山田本一出人意料地夺得了世界冠军。两年后,意大利国际马拉松邀请赛在意大利北部城市米兰举行,山田本一代表日本参加比赛。这一次,他又获得了冠军。

记者请他谈谈获得冠军的经验。山田本一性情木讷,不善言辞,只是回答:"凭智慧战胜对手。"他没有具体解释"智慧"的含义,因此,记者们迷惑不解。

19 年后,这个谜终于被解开了。山田本一在他的自传中是这么说的:"每次比赛之前,我都乘车把比赛路线仔细地看一遍,并把沿途比较醒目的标志画下来。比如第一个标志是银行,第二个标志是一棵大树,第三个标志是一座红房子⋯⋯这样一直画到赛程的终点。比赛开始后,我就以百米的速度奋力地向第一个目标冲去,等到达第一个目标后,我又以百米的速度向第二个目标冲去,如此往复。40 多公里的赛程,就被我分解成这么几个小目标轻松地跑完了。起初,我并没有这样做,只是把我的目标定在 40 多公里外终点线的那面旗帜上,结果我跑到 10 多公里时就疲惫不堪了,我被前面那段遥远的路程吓倒了⋯⋯"

山田本一在漫长的赛程上设定了多个标志性成果,每取得一个成果都能够激励自己。正是在这样的激励之下他跑完了全程,赢得了冠军的荣誉。

设置阶段性成果的目的正是激励自己。成功学大师戴尔・卡

耐基说过,每完成一件事,无论这件事是大是小,是难是易,都会让你强大起来。因为顺利完成一件事之后,你会被完成任务的成就感包围,这种感觉让你更有信心去完成下一件事。长期积累下来,你就会建立自信,养成高效的工作习惯。

如果某一天你逐个完成了很多件事,而且每一件事都达到了期望的结果,那么你会感觉到这一天过得充实而有价值;假设你连续工作一周以上,却没有完成一件事情,更没有获得任何成果,此时,你的热情就会悄然消退,随之而来的是挥之不去的挫败感。

设置阶段性成果可以让你常常体会抵达终点的成就感,从而保持高昂的热情和斗志。

◎●制订策略和行动方案

策略是从目标抵达成果的路径。假设某公司的目标是:第二季度销售额在第一季度的基础上增长30％。为了实现这个目标,我们可以制订以下策略:

➤ 引进新项目;

➤ 招聘新的销售人员;

➤ 加强对销售人员的培训,提升其销售技能;

➤ 扩大销售区域;

➤ 加大产品的宣传力度。

除了上述五项策略,你还可以想出更多。我们在制订策略的时候,应当突破经验和资源的限制,努力穷尽所有可能的策略,只要符合逻辑,就可以罗列出来。

当所有能够想到的策略都工整地写到了纸上之后,你就应该衡量自身现状,以此来选择适合的策略。理想的策略当然是最快捷、最节省资源的那一个,但这样的策略少之又少。鱼和熊掌怎能兼得?拥有其中一项就相当不错了。

接下来,你就应该针对每项策略制订具体的行动方案了。以"加强销售人员的培训,提升其销售技能"为例,针对这一条策略,你可以这样来制订行动方案:

➤ 针对每位销售人员,了解他们希望提升的能力是哪些(5月1—5日);

➤ 对销售部经理进行访谈,了解经理希望其下属们提升的能力是哪些(5月6日);

➤ 整理访谈记录,提炼培训需求(5月7日);

➤ 制订第二季度销售人员的培训计划(5月8—10日);

➤ 确定具体的培训课程(5月11日);

➤ 匹配培训资源,确定第一场培训课程的师资及费用(5月12—16日);

......

行动方案最好具体到每周甚至每天的工作事项,这样对实际的行动才具有指导意义。每一项行动方案必须设定完成的时限,这样才能确保在规定的时间内实现目标,获得成果。

目标也会模糊

上天赐予人类的一个宝贵礼物就是"忘却"。人们忘却烦恼，才会拥抱轻松；人们忘却悲伤，才会拥抱幸福；人们忘却过去，才会拥抱现在和未来。可是，这份礼物也给我们带来了麻烦：人们忘记了约定的时间，结果迟到了；人们忘记了爱人的生日，结果惹对方生气；人们忘记了父母的养育之恩，结果不知道感恩。

目标也难以逃脱被忘却的厄运。人们常常发现，公司的年度经营目标在执行过程中往往变得面目全非，这是因为公司年度经营目标的实现周期长、涉及人员多、包含的具体事项复杂。目标在人们的脑海中渐渐模糊，所以在执行过程中很容易就会变样。

通用电气公司的前董事长兼 CED（首席执行官）杰克·韦尔奇为了让员工们牢记目标，使用了特殊的方法，那就是随时随地向员工宣讲目标，直到目标实现为止。韦尔奇身边的下属回忆道："总裁总是不厌其烦地重复公司的目标，以至于我们听到某一个被重复无数遍的目标就想吐。"

韦尔奇在管理方面的造诣堪称卓越，但也使用如此过激的做法，可见让人们牢记目标是多么重要！

◎●持续进步一点点

你一定有过这样的经历：某一天突然心血来潮，信誓旦旦地决定达成某个目标，可是当热情消退后，目标很快被你抛在脑后。这样的经历肯定不止一次，无数目标夭折在一时冲动和无法持续的行动中，只有在追忆的时候才悔恨莫及。

急功近利是目标的天敌。世上极少存在一蹴而就、一劳永逸的好事，如果真的出现，你也要擦亮眼睛谨慎辨明是不是隐秘的陷阱。企图走捷径，往往会误入歧途。绝大多数目标的实现，需要我们付出艰辛的持续劳动。

很多伟大的组织之所以能够创造卓越，是因为它们致力于持续地改进绩效，而不是心血来潮地搞运动。

为了防止目标被组织成员淡忘，可以将其细化为组织成员的日常行动，不断重复，最终形成习惯。习惯的力量是巨大的。当习惯养成后，目标的实现就会得到强有力的保障。

◎●试图做完所有事情

由于对"我究竟应该做什么"缺乏清醒的认识，人们往往将宝贵的时间花费在那些并不重要的事情上。或许是因为这些事情看上去无比紧急，例如电话铃响了或不速之客登门拜访。虽然很可能只是一个推销电话，那位不速之客也只是想与你拉拉家常，但你却不得不花费时间来应付这些事情。

刘景升任为部门经理，还没来得及庆幸，烦恼就接踵而至。原本就捉襟见肘的时间，现在被各种事务瓜分殆尽，他感觉到分身乏术，根本来不及应付所有的事情。刘景对此深感痛苦，因为他忙得连安静地喝一杯咖啡的时间都没有了，可谓身心俱疲。

他向我倾诉自己的苦恼，我听完他的抱怨，问他："你整天都在忙哪些事情？"

他随口说道："审核下属写的方案、带领下属拜访客户、处理客户投诉、与供应商确定最终的价格、出席促销活动现场……总之，事情多得数不过来。"

我听了他所罗列的事项，感觉惊讶的同时也意识到事情不妙——刘景显然走入了误区。

我反问他："你认为，身为经理，最重要的事情是什么？"

刘景想了很久也无法作出回答。

有很多与刘景一样的人，他们试图做完所有事情，却未曾认真思考自己究竟应该做什么。身为管理者，他本应该致力于优化组织内部结构和辅导组织成员，而他所做的工作却很少涉及这些方面。这样的结果就是他们被无尽的事务包围着，永远也不可能将事情全部做完。

很显然，当有限的时间总被无关紧要的事情所占据，那么真正重要的事情就会被忽略。我们之所以会将目标淡忘，正是因为我们试图做完眼前的所有事情，而事实上，这些事情很少与目标有关系。

自救法

做对的事情

希望创造成果，就要投入资源。具体来讲，有金钱、知识、劳动，还有时间。其中，时间是最宝贵的资源，每个人每天只拥有 24 小时，无论如何都不会多出一秒，而所有的行动都需要耗费时间，时间是唯一不可替代的要素。

在有限的时间内做完所有事，这无异于天方夜谭。即便将行动速度立即提升 30％，短期内你可能对效率的改进感到兴奋不已，可很快你又回到之前的状态，被永远也做不完的事情包围着。不仅如此，因为完成的事情变多了，你反而更加疲惫。

造成这一切的原因是你没有"做对的事情"。通常，人们几乎将所有的注意力集中于如何"把事情做对"，也就是不出差错地完成任务，达到既定的标准和要求。人们很少思考如何利用自己有限的时间去"做对的事情"。所谓"对的事情"，就是那些真正重要的事情，真正需要花费大量的时间和精力去做的事情。具体来讲，就是最有价值的事情，与目标密切相关的事情。

王杰拜访完客户，回到公司，兴奋地召集方案部的同事们开会，一起针对客户需求制订解决方案。

为了这份方案，公司提供了很多资源，与合作商进行了多次沟通，最终才达成合作关系。方案部的同事们更是加班加点，辛苦了三天，终于完成了一份满意的方案。

王杰带着这份方案信心满满地再次拜访客户，满怀期望地将方案递交到客户的手上，客户仔细翻看之后，对王杰说："贵公司所制作的方案很有水准，可是，这并不是我们想要的。我想，你可能没有理解我们的需求……"

王杰无语。

王杰没有准确地把握客户的需求，所以即便方案制作得再优秀，也注定将是一场毫无成效的忙碌。"做对的事情"比"把事情做对"更重要，因为一旦决策失误，做了错的事情，无疑会造成资源的巨大浪费。尤其是管理者，决策的失误将波及更多的人，造成大范围的资源浪费。因此，管理者应当在"做什么事情"方面慎之又慎，思虑再思虑。

◎●什么才是"对的事情"？

人们不免疑惑——究竟什么才是"对的事情"？

我初入职场时，也曾对这个问题困惑不已。上司交代的任务肯定需要完成,客户的要求不得不满足,同事的忙不好意思不帮……我的时间几乎全部用于完成那些看上去必须完成的事情。然而,我悲哀地发现自己成果寥寥,绩效平庸,我的生活并没有因为辛勤忙碌而有所改善。

我开始思考问题的症结所在。我发现,那些成效卓越的人士并非忙得不可开交,相反地,他们从容不迫,按照自己的意愿支配时间。在完成工作之后,他们依旧拥有闲暇享受生活。

一次偶然的机缘,我有机会向一位成效卓越的人士请教问题。我迫切地问道:"究竟应该怎样工作才是真正的高效?"

他回答说:"其实很简单,每天都围绕着你制定的目标行事,不要去理会那些与目标无关的事情。专注于实现目标,一个目标实现后,再开始下一个目标,这样你就会卓有成效。"

在之后的工作和生活中,我将这一策略彻底地执行下去。一切都发生了翻天覆地的变化:我的工作变得成效显著,一年之内由专员晋升为部门经理,更让人兴奋的是,我拥有了更多空闲时间来陪伴家人、学习充电以及享受生活。

我的亲身经历告诉自己:那些由目标而生的事情才是"对的事情",才是应当集中时间和精力去做的事情。否则,你只会陷于"盲、茫、忙"的困境。

◎●设定目标

如何正确地设定目标？这是我们必须解决的核心问题。通常，设定目标需遵循以下步骤：

第一步，尽情做梦。

伟大的"快乐制造者"迪士尼，一生创造了唐老鸭、猫和老鼠等不朽的卡通形象。由他创办的迪士尼公司为世界的儿童和大人们都带来了欢乐。

迪士尼自诩为"梦想家"。他在脑海中构建梦想的时候，完全不顾现实的束缚和限制，而是天马行空，将一切视为可能。

要抛开现实的束缚，实在不是一件容易的事情。人们往往被过去的经验所限制，新的想法诞生时，总习惯性地用经验来判断其实现的可能性。这样的做法固然可以帮助我们规避一些风险，但同时也会让我们与机会擦肩而过。

有人在小象的腿上拴了一根铁链，小象剧烈挣扎试图摆脱铁链的束缚，可每次换来的都是疼痛。经历了一次又一次的失败后，小象屈服了，再也不妄想挣脱这条铁链。小象长成大象后，变得强壮而有力量。此时的铁链看上去很细，可以轻易扯断。然而，大象却从未想过挣脱，它就一直生活在一根有形的细铁链和一根无形

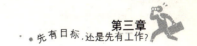

的粗铁链的束缚下。

很多时候,我们也是被自己心中无形的粗铁链所束缚。在设定目标的第一步中,你要学习迪士尼的筑梦精神,抛开一切限制,将你想做的事情罗列出来,并且写到纸上——这一点至关重要,因为根据统计,写在纸上的目标,实现的可能性要远远高于那些只是在脑海中掠过的目标。

第二步,择世所需。

此时,你要化身为一名严厉的"批判者"。并非所有的目标都有意义和价值,你要用自己的火眼金睛将那些不符合社会需求的目标剔除。无法为他人提供价值的目标,也就不可能为自己创造收益。有人的目标是"嫁入豪门"、"中头奖"……我无意评说这些目标的对错,只是简单地问一句:"这些目标实现的可能性有多大?"

你必须为别人创造价值,别人才会向你支付报酬,你才会获取自身生存和发展的资源。如果你设定的目标不能为他人创造价值,无法满足社会的某种需求,那么你就无法获得收益。

第三步,择己所爱。

兴趣是最好的老师,也是工作动力的最大来源。人生中有相当长的时间是用来工作的,面对毫无兴趣的工作却不得不耗费时间与之相伴,岂不是人生的一大损失吗?做自己感兴趣的工作,才能享受工作带给你的乐趣和成就感。

兴趣是激发热情和动力的源泉。

有一个电视采访节目，被采访者是一位德高望重的老学者，一生从事研究工作，大部分时间都在实验室度过。主持人问道："您会不会觉得乏味、孤单呢？"

老学者回答："不会。"

主持人追问道："为什么不会呢？"

老学者答道："因为热爱。我热爱自己所从事的工作，非但不觉得乏味或者孤单，反而是乐在其中，感觉到很有意义。"

有了兴趣，即便是枯燥、乏味的工作，你也能乐在其中，这样才会有充足的激情迎接挑战，才能引发你的创新思维，才能很好地创造成绩。

现在，请将那些你并不感兴趣的目标删除。

第四步，择己所长。

做自己擅长的工作，得心应手，效率是最高的。卓有成效的人士懂得扬长避短，充分发挥自己的长处，这样才能确保目标的实现。因此，你需要将那些自己并不擅长的目标删除。

第五步，设定时间限制。

没有时间限制的目标是没有意义的，也是很难实现的。你必须为每一个目标设定明确的完成时间。为了确保目标在规定的时间内完成，你最好预留一定的缓冲时间，同时也适当地营造出紧迫感。这样做既可以在发生意外、无法按时完成的情况下来得及补救,也可以给自己一些压力,督促自己尽快行动。

第六步,分解目标。

假设实现目标的周期过长、事项太多,你可以依照数量或者期限对目标进行分解。例如:你可以将月销售额 20 万元分解为每周 5 万元;你可以将一个周期为 8 个月的目标,分解为四个周期、2 个月为一个周期的二级目标。

第七步,标注里程碑。

为每一个关键步骤设置完成的标志,我们称之为设置里程碑。每抵达一个里程碑,就意味着向成果挺进了一步,这样会持续激发你的热情。

假如,某人力资源管理咨询项目包含 7 个阶段性工作,我们可以这样来设置阶段性工作的完成标志,也就是里程碑:

第 1 阶段(访谈阶段)里程碑:完成 50 份访谈记录;

第 2 阶段(问题分析阶段)里程碑:向客户呈报并通过问题分析报告;

第 3 阶段(策略制订阶段)里程碑:呈报通过解决方案报告,回款 50%;

第 4 阶段(流程梳理阶段)里程碑:流程图经客户确认签字,完成流程再造;

第 5 阶段(岗位责任制订阶段)里程碑:岗位责任说明书经客户确认并签字;

第 6 阶段（绩效考核实施阶段）里程碑：绩效考核体系试运行 3 周，实施报告呈报通过，回款 40％；

第 7 阶段（项目总结阶段）里程碑：呈报通过项目总结报告，回款 10％。

第八步，穷尽所有可行的策略。

现在，你需要针对目标将你所想到的一切可行的策略写到纸上。为了提高实现目标的可能性，你可以制订后备方案，这样即便在最佳策略行不通时，也可以及时用其他的方法替代。

在制订策略的时候，需要考虑可供支配的人力、物力、智力、时间等资源。任何策略都需要资源的支持。你可以思考一下：哪些人和组织可以为目标的实现提供帮助？应该以怎样的方式与其合作？

第九步，制订行动计划。

行动计划是对策略的进一步细化，具体到每周、每天为了实现目标需要开展的每一项工作。行动计划越具体越有利于目标的实现。

铭记目标

设定正确的目标后，我们还要设法让自己铭记目标。只有将目标铭记在心，我们才会持续地将目标付诸行动，最终实现目标。

设定了目标,却随意放弃,不仅浪费资源,而且会挫伤自信心。你如果很少真正地实现目标,那么就会逐渐失去对目标的敬畏感,并将目标视为形式。这样只会让设定目标的行为变得毫无意义。

你应当对目标心怀敬畏,将其看做刻在石头上的圣经。既然设定了目标,就必须想方设法去实现。只有这样,才会培养自己的执行力,才会取得成果。

一个组织最忌讳的就是随意更改目标,因为组织所有的行为都围绕着目标,目标一旦变更,就意味着组织行为需要大调整,所有的行动方案需要重新设定。组织目标频繁变更,会使得组织成员丧失对组织的信任和信心,使组织走向瓦解的边缘。

◎●重复宣读目标

习惯的力量是巨大的。很多军人退伍之后,即使时间过去得再久,他们也依然爱整洁、做事雷厉风行,这已经成为他们的习惯;画家几乎天天都会绘画,一旦无法拿起画笔,就会觉得若有所失,时间稍长就会难以忍受;作家几乎天天都会书写,哪怕没有书写的环境和条件,他们也会在心中默写……这样的案例不胜枚举,因为习惯,所以难以割舍。目标一旦转化为习惯,那么,可以毫不夸张地说——目标想不实现都困难!

养成习惯的最好方式就是重复,当一件事情重复做 30 天以上,就很容易形成习惯。为了养成习惯,你可以将写在纸上的目标贴到书桌前、床头、穿衣镜上,这样你就能够与目标多接触,从而记

住目标。

你每天起码要将目标大声读一遍,读的时候要用心铭记,并且设想这些目标已经实现,尽可能真实、具体地想象目标实现时的场景。这样做不仅能加深你对目标的记忆,而且会激发你的热情。

一位享誉世界的文学家成果丰硕。有人问他:"为什么你的硕果会这么多,而其他人很难做到呢?有什么诀窍吗?"这位文学家回答道:"哪有什么秘诀啊,我只不过是要求自己每天写 1000 字以上,无论什么情况,我都会坚守这个原则,绝不改变。即使某一天太忙,我也会熬夜补上;即使某一天不具备写作的条件,我也会在今后的日子里补上。或许是因为我做到了这一点,所以留下的东西比别人多一些。"

为了让自己铭记目标,我们需要学习这位文学家的坚持精神,坚持重复做一件事,养成习惯,你就拥有了持之以恒的力量。

◎●拒绝与目标无关的事情

试图做完所有事,只会让自己陷于穷忙的境地。卓有成效的人士明白取舍的重要性,他们集中精力从事与目标相关的工作,而那些与目标无关的事情被果断舍弃。

唐强升任为公司总经理后,开始反思自己究竟应该如何利用宝贵的时间,从而最大化地为公司贡献价值。

经过很长时间的认真思考,他认为应当将自己的大部分时间用于引进和发现人才。这才是身为总经理最应该为公司做的,也是对公司最有价值的事情。

从此,他每周都要与各部门的经理们座谈,了解他们的工作状态和成果,并且向他们请教:"你的部门有哪位能人可以提拔?"他将公司的所有人员档案拿到办公室仔细研究,了解每个人的学历、从业经验以及现在的工作状态,然后挑选出其中的优秀者,将其请到办公室面谈。唐强还广泛地接触同行业的优秀人才,邀请他们来公司参观,聘用合适的人才。

与此同时,唐强大幅缩减了参加各部门会议的时间;他成立了大客户管理部门,分担自己在大客户关系维护方面的工作。

唐总经理的工作卓有成效,他构筑的人才战略为公司的发展提供了不竭的动力,公司业绩在两年内实现了30%的高速增长。

正如唐总经理舍弃了与目标无关的事情,将时间聚焦于最终目标,为了铭记目标,你需要学会勇敢地说"不":对毫无成效的会议说"不",对不速之客说"不",对闲聊说"不",对毫无意义的饭局说"不",对八卦新闻和网络游戏说"不",对没有需求的推销电话说"不",对主题不明的沟通说"不",对冗长的电视剧说"不"……时间是有限的,当你选择做一件事的时候,就意味着你放弃了做另外一件事。只有聚焦于目标,时刻做与目标相关的事情,才能取得成果。

当然,拒绝别人的方式并非生硬而直接地说"不",那样只会使

你得罪人，让你陷入孤立无援的境地。你需要学会巧妙地拒绝别人，以下技巧将对你有所帮助：

第一，巧用缓兵之计。不要在别人提出请求后立刻拒绝，你可以说："请给我一些考虑时间好吗？"或者更具体一点："让我想一想，半小时后再给你回电话好吗？"半小时以后，你再打电话客气但明确地说"不"。

第二，不要直接说"不"，而是顺着对方的意思说："这是一个很棒的建议！"你先用认可的话评价对方的建议，然后再清楚地告诉对方，你此时正忙于一项非常重要而且紧急的任务，因此只能对这个建议遗憾地说"不"。

第三，当别人请求帮忙时，你首先说："我非常珍惜这次机会！"这样显得态度诚恳，并且可以加强与对方的关系。然后用这样的话告诉对方："没有人比我更愿意与你一起干，但这一次我必须拒绝。"

第四，你还可以说："这类事我绝不会做，这是我的原则。"让对方知道拒绝不是出于个人原因，而是由于原则，那么对方就不会继续追问了。

第五，在说"不"之前，不妨稍微停顿一下，或者用一些"嗯"、"啊"、"呀"的语气词，给对方一个你在思考和理解的信号。

◎●委派：让别人替你工作

随着社会的发展，分工越来越细，人们专门从事一项具体工作的现象变得越来越普遍。一个组织由不同的岗位构成,每个岗位的员工各司其职,不再需要"万事通"。

在当今社会,企业经营工作已经被细分为很多具体的模块,针对每一模块的工作都成立了相应的专业公司,企业完全可以通过购买来获取服务,而不再需要自己构建部门。例如:针对人力资源管理模块的工作有人力资源外包公司,针对企划模块的工作有咨询公司、营销策划公司、广告公司等。企业完全可以根据自身需求,向这些专业公司购买服务。这样不但可以使组织"瘦身",节省成本,而且效果更好。

再者,人非圣贤,又怎能万事精通?被誉为日本经营之神的松下幸之助说过,一个人的能力无论如何卓越,也如在暗夜中点灯,照亮的范围有限。因此,不要奢望自己擅长所有的事情——这是近乎愚蠢的想法。

因此,你要学会让别人代替你来工作。

比尔·盖茨的一位好友曾为忙碌不堪的现状感到沮丧。他有3个孩子,下班回家后几乎所有的时间都用来照顾孩子和帮助妻子做家务,而他的妻子常常因为一些不顺心的琐事和他吵闹不休。盖茨听完朋友的诉苦,惊讶又不解地反问他:"你为什么不雇佣一位保姆呢?"

盖茨的朋友恍然大悟,他自言自语道:"对啊,为什么不雇佣一位保姆呢?我怎么这么傻,连这也想不到。"他很快就雇佣了一位

保姆，那些令人头疼的琐事由保姆为他分担，而且保姆做得很棒，处理这些琐事比他高效和专业。妻子也极少再与他争吵，因为看上去一切都井井有条，让人心情舒畅。虽然需要向保姆支付一笔费用，但节省了时间，而这些时间可以用来挣更多的钱，这是多么划算！

盖茨的这位朋友，亲自做家务、照顾孩子的生活起居，显然不够明智。你不擅长的工作，让专业的人代替你来做，而你用节省下来的时间去做自己擅长的事情，这样你才能够发挥最大的价值，获取最大的回报。

为了聚焦于目标，你需要将与目标无关却不得不做的事情委托或授权给别人。具体而言，以下事情你可以让别人替你来做：

第一，不重要又不紧急的事情；

第二，别人比你更专业的事情；

第三，操作标准和流程很明确，不易犯错的事情；

第四，日常的重复性工作；

第五，耗时长却收益低的事情。

第四章

把时间留给最重要的事

别被自己干掉・・・・・・・・・・・・・・・・・・・・・・・・・・・・・・・・・・・

职场自杀式 4：做事不分轻重缓急

李泳经过自己的努力，成功应聘到某知名企业企划专员的职位。这一天，他来到办公室，市场营销部的小王急匆匆地跑来，对李泳说："李兄，你一定要帮我。今天我们部门组织促销会，本来负责会场的几个人临时出差，现在人手不够，你一定要帮我啊。"

李泳有点为难，说道："我还有一个很重要的企划案要写……"

他还没说完，小王就打断了他："李兄，求你了，我们会场缺人，太紧急了，要不然我也不可能麻烦你，企划案可以明天写啊！"

李泳被小王连拖带拽地拉出了办公室。因为是初入职场，李泳也不好意思拒绝，只能放下工作去了会场。

刚到会场，李泳的上司就打来电话，询问企划案的进展情况。李泳向上司作了解释，并表示明天一定将企划案做好。上司用严厉的口气说："明天上午 10 点前，企划案一定要交给我。"李泳从上司的口气中听出了生气的味道。

促销会占用了李泳整整一天的时间，直到晚上 8 点多他才回到家，匆匆吃完饭，感觉非常疲惫。他打开电脑，准备做企划案，可是一点思路也找不到。眨眼之间就到了 11 点，李泳实在撑不住，

躺倒在床上就睡着了。而此时,企划案还没有实质性地开始。

第二天来到办公室,李泳匆忙开始做企划案。然而,李泳越是心急越没有思路,而且办公室内电话不断,各种琐事需要处理,根本无法集中精力。时间分分秒秒飞快流逝,李泳急得手心流汗。

10点到了,上司来到李泳面前,问道:"企划案做好了吗?"

李泳心虚地回答:"已经发到您的邮箱了。"

其实由于时间紧迫,李泳根本没有做好企划案,只是草草地搜集了一些资料。上司看完企划案后,严厉地批评了李泳,而且扣掉了他60%的绩效。

很多人与李泳一样,因为没有正确地把握事情的轻重缓急而遭受了严重的损失。

紧急的事情通常不重要——很多人并不明白这个道理。他们总被看上去非常紧急的事情缠身,却很少有时间做真正重要的事情。于是,他们陷入了"盲目忙碌"的沼泽中。

碌碌无为的处境

为了赶时间,人们不惜危险,猛踩油门,赶在红灯到来的那一刻穿过路口;为了赶时间,人们火急火燎地赶公交车,完全不顾秩序拼命挤上车;为了赶时间,人们甚至都没有安心地吃一顿饭。

身边的人似乎都很忙碌,彼此见面的问答总是这样——

"最近忙吗?"

"忙! 忙坏了。"

如果有人回答说"不忙",那么就会招来异样的目光。在人们的脑海中,忙碌意味着存在的价值。

有人不允许自己停下来,一旦发现自己无事可做,他们就会产生心理负担,感觉自己不被重视、没有存在的价值。

还有人忙得不可开交,分身乏术。为了尽快完成任务,他们致力于提升行动的速度,让自己快一点,再快一点。他们跑步前行;他们一口气把话说完,不留任何时间让其他人发言;他们一目十行,飞快地读完文件。这些执著于提升速度的人们无暇享受闲暇的时光。

然而,越来越多的人开始反思,忙碌究竟是为什么? 忙碌就是为了升职、为了挣钱吗? 这些带给我们幸福了吗?

很多人一定感觉到这个词很陌生了——幸福。人们忙忙碌碌,却损坏了健康,失去了和谐的家庭关系,子女没有得到良好的家庭教育,个人的梦想与价值也没有得到实现……我们越忙碌,幸福反而离我们越远! 在午后慵懒的阳光下安静地品尝一杯咖啡,或者在僻静而优美的村庄度假两日——这样的想法

近乎奢望。

很多人忙碌,但是成果寥寥。在月末和年终总结的时候,总是羞于表述,愧对上司。我们将忙碌却收效甚微的人群统称为"穷忙族"。穷忙族的成员相当庞大。

◎●你的时间被绑架了吗?

如果你愿意,可以详细地记录自己在打电话、网聊、收发短信、收发电子邮件、上网查看各类信息、观看电视节目等事项上所花费的时间。

你也许会惊讶地发现,自己花费在这些事项上的时间多得惊人,甚至超过了5个小时。对于大多数人而言,扣除花在休息、吃饭、交通,以及处理杂务的时间,每天其实只有几个小时的自由时间。而这几个弥足珍贵的小时又要被这些事情占据,那么,一天还剩下多少时间用来从事有效的工作?

现代人似乎离不开电脑,只要坐在电脑前,就被认为是在工作。很多职场人士的工作简单到"打开电脑、关闭电脑",仅此而已。可是,面对电脑,多少工作是真正有效的?

有些人对收发电子邮件上瘾,他们每隔几分钟就会打开电子邮箱,收不到邮件就会若有所失;有些人对浏览网页上瘾,他们每隔一段时间就会习惯性地登录常去的网站,浏览新信息;还有些人对网络聊天上瘾,总在潜意识中等待跳动的头像和消息框,如果长时间没有等到消息,就会主动联系他人,而聊天的内容多是问候和

寒暄。

我们的宝贵时间被各种工具绑架了。这些工具本是用于提高效率、节省时间的,不想却成了时间的窃贼。

◎●有求必应的"老好人"

对别人有求必应的"老好人",只会让自己无故承担越来越多的事务。帮助别人是美德,然而,无限制地帮助别人,换来的除了别人的夸赞,还有什么?

毫无原则和条件地帮助别人,只会让别人将一切视为理所当然。他们甚至不会意识到你为此作出的牺牲,更不会想到补偿和回报你。

小汪大学毕业,刚踏入职场。他性格温和,乐于助人。因此,同事们有事都喜欢找小汪帮忙,小汪每次都非常爽快地答应,而且尽心尽力地帮助别人。

时间一长,找小汪帮忙的人越来越多,接踵而至的事情让他应接不暇。可是,小汪总是不好意思拒绝别人。然而,越来越多的求助耗费了他大部分的工作时间。

事实上,每个人都必须对自己负责,你没有义务为别人负责。况且,你无限制地帮助别人,恰恰是对自己的不负责任。

效率的真相

我们必须思考,忙碌的目的究竟是什么? 提高效率,并不是为了节省时间去做更多的工作,那样只会让自己越来越累。相反地,提升效率是为了拥有更多的闲暇享受生活。

高效率人士成果显著,却并不见得他们有多么忙。他们从容不迫,能够由自己的意志掌控时间,而不是被各种繁杂的事务牵着走。

日本畅销书作家胜间和代就是典型人物。她是三个孩子的母亲,同时兼任几家外资企业的工作,并自主创办了日本最大的白领妈妈交流网站。她 19 岁就通过了注册会计师的第二次考试,是日本史上最年轻的合格者,之后又获得中小企业咨询师、国际交流英语测评、MBA(工商管理硕士)证书等。后来,她跻身日本内阁,开始从政生涯,并且出版了几本畅销书。

仅仅看这些表象,很多人都会以为她忙得不可开交,可事实上,她却拥有很多空余时间。她常与好友逛街,阅读新书,每周去两次健身俱乐部,还参加美甲沙龙。

　　同样的,高效率的组织也绝不会提倡加班和疯狂工作。某世界知名的网络公司规定:提前完成既定的工作就可以带薪休假;上下班不考勤;工作时间可以喝咖啡、健身、饲养宠物等;公司还为员工提供舒适的床,以方便员工随时躺下来休息一会儿。在其他人看来,这样的做法简直匪夷所思,但这家公司却是行业内最高效的。

◎●成果与时间之比

　　为什么真正卓有成效的人却并不忙碌?

　　大多数人认为,效率就是足够快地做完一件事。从起点跑到终点,用时最少就最有效率。事实是这样吗?

　　谢强决定研发一项新产品。为了抢占市场,赢得先机,他投入上百万元资金,招募数十人的研发团队,加班加点推进研发工作。产品很快就初具雏形,谢强也满怀信心。然而,谢强在一次展览会上偶然看到同类的产品,其功能和外观都与他研发的产品非常相似。

　　谢强惊讶地询问销售人员:"你们这个产品什么时候推出的?"

　　销售人员回答:"我们推出一年多了。"

　　谢强追问道:"销售情况如何?"

　　销售人员回答:"我们已经在各地建立了销售渠道,这个月就要在各个终端全面铺货了。"

这一消息犹如晴天霹雳,让谢强震惊不已。别家公司的产品已经抢先一步,自己再推出同类产品,胜出的可能性太小了。他后悔当初没有进行全面的市场调研,如果早发现同类产品的存在,他也不会耗费大量的财力和人力了。

谢强为了追赶时间,不惜投入巨大的资源,然而,进展越快反而损失越严重。因为目标错了,就注定无法取得成果,所有的投入都将付诸东流。

效率绝非单纯地提升速度,而是在有限的时间内创造最大化的成果。效率建立在成果存在的前提下,没有成果,一切付出都是浪费。

具体来讲,效率是成果与时间之比。效率与成果是正比关系,与时间是反比关系。在相同的时间内,成果越多,效率越高;反之,效率则越低。获得相同的成果,所用的时间越少,效率越高;反之,效率则越低。

高效率人士并不过分强调提升速度,而是在目标的取舍上深思熟虑。那些无法取得成果、价值不高的事情,被他们果断舍弃。一言以蔽之,他们之所以成效显著却从容不迫,是因为他们只做真正重要的事情。

◎●二八法则

意大利统计学家、经济学家帕累托在大量统计数据的基础上发现：社会上 20％ 的人占有了 80％ 的财富。除了财富，他还发现生活中大量存在着这样的比例关系，例如：

20％ 的重要客户贡献了 80％ 的利润；

20％ 的优秀员工创造了 80％ 的价值；

20％ 的强势品牌占据 80％ 的市场份额；

20％ 的人际关系促成 80％ 的事情；

……

从统计学上来说，精确的 20％ 和 80％ 不太可能出现，但从总体上看相差不大。人们将这个普遍存在的比例关系称为"二八法则"。

二八法则不仅在经济学、管理学领域应用广泛，而且对我们的自身发展也具有重要启示：20％ 的要事为我们创造 80％ 的价值。

因此，我们应当将主要的时间和精力集中于 20％ 的要事，这样才能既节约时间，又创造具有高附加值的成果，做到真正的高效。这是我们倡导要事为先的重要原因。

雕像大卫，体积巨大却不失优雅，至今仍吸引着来自世界各地数不胜数的游客前往佛罗伦萨。米开朗琪罗雕刻大卫这件作品的时候，年仅 25 岁，人们问他是如何用一块逾吨重的没有生命的大理石雕刻出这样精细、有血有肉的大卫，他不假思索地回答道："我并不是在创造什么艺术。大卫早就已经在那儿了。我要做的，只

是把那块大理石中不属于大卫的部分去掉,把活生生的大卫解放出来。"

我们要做的就是与米开朗琪罗一样,在繁多的事项中找出真正重要的事情。这些事情具体包括:

➤ 开拓新的目标客户;

➤ 为客户制订解决方案;

➤ 与客户深入沟通;

➤ 实施项目;

➤ 必要的休息以保持旺盛的精力;

➤ 学习新的工作方法;

➤ 适当运动,增强体质;

➤ 与家人、爱人团聚。

什么才是要事?

我们可以从两个轴线来区分不同的事项:第一轴线是"紧急度",也就是"是否有时间上的限制";第二轴线是"重要度",即"这件事所带来的回报"。按照这两条轴线,我们可以将事项分为四类:

第一类：紧急而且重要；

第二类：不紧急但重要；

第三类：紧急但不重要；

第四类：不紧急也不重要。

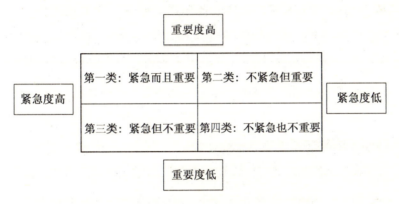

图 4-1　根据紧急度和重要度划分的四类事项

通常情况下，人们会花费 60％ 的时间在"紧急而且重要"的事情上，这类事情有：与客户确认合作事宜、接听来自客户的电话、按照规定期限实施项目、制订费用预算、完成上司交代的紧急任务、准备明天即将举行的开幕式的发言稿；接待突然光临的重要人士……这些事通常能够为我们带来回报。

"人生在世，身不由己。"这句感慨同样适用于职场人士。即便你是一个务实和高效的人，也不得不花费相当多的时间去完成"紧急但不重要"的事情。这些事情有：上下班的交通、在规定的期限内完成毫无意义却不得不写的报告、参加没有主题的例行会议、接

受朋友的聚餐邀请……表面上看起来,这些事都非做不可,事实上却意义不大。你很不情愿去做的事情越多,被迫做事的感觉就会越强烈。

至于"不紧急也不重要"的事情,大部分人都知道应该尽量减少,然而,要在时间安排中彻底将它们抹掉,这是何其困难!人们总是无法克制自己的天性,不自觉地就将宝贵的时间用于闲聊、睡懒觉、玩游戏、观看肥皂剧……我们常常觉得时间不够用,可是扪心自问,我们有多少时间浪费在这些毫无意义的事情上?

◎●"不紧急但重要"的事

在四类事项中,人们最容易忽略"不紧急但重要"的事。这是人们的天性所致。一般而言,我们的注意力总是容易被迫在眉睫的事情和眼前利益所吸引,而忽略了那些真正重要的事情。

不锻炼身体,短期内也不会患上脂肪肝或者心肌梗死;今天不学习充电,明天也不会被扣薪或解雇;一周内抽不出时间陪伴家人,家庭也不会因此破裂……锻炼身体、学习充电、陪伴家人这些事虽然很重要,但很容易被人们忽略。

长期忽视"不紧急但重要"的事,后果会是什么?请看下面的案例——

李黎是某公司新上任的部门主管。他是典型的"解决问题主义者",几乎所有的工作时间都用于处理紧急事件,哪里出了问题

他就到哪里,没有问题就被视为平安无事。

刚开始,李黎很轻松,因为需要处理的问题并不多。然而,好景不长,没过多久,问题应接不暇了,部门内危机四起,问题不断涌现。李黎四处救火,却不免顾此失彼。他很快就无法应付问题不断的局势了。

长期忽略"不紧急但重要"的事,只会让这些事情转变为"紧急而且重要"的事,结果就是我们必须花费更多的时间去"救火",而无法从容不迫地制订计划、将问题解决在萌芽时期。等到不得不用"救火"的方式去处理问题,就意味着损失已经发生,而且总难以把事情做到尽善尽美,因为"紧急而且重要"的事情都不会留给我们充足的时间去思考最佳的处理方法。

◎●价值回报大才是要事

时间是有限的,在有限的时间内,我们为什么选择做这件事,而不做另一件事?

这涉及我们的价值判断标准。对重要性的判断因人而异,但有一个通用的原则必须遵循,那就是价值回报。如果某件事并不能为你带来什么价值,那么这件事无疑是不重要的。

有一位世界一流的保险销售员,他每年能售出1亿多美元的人寿保险,手下有42名下属。这些下属负责从指定日程到建议书

筹备、行政管理、银行融资、广告推广和客户服务等方方面面的工作，他则专心处理只有他能胜任的工作——与目标客户面对面地接洽与交流。

他每天腾出2小时用于学习和练习，并为面对面的会谈和交流做好准备。因此他成为世界上个人保险和不动产规划领域内最博学的专家之一。他懂得评估客户需求，并在人寿保险和不动产规划领域内帮助客户根据其自身的特殊状况作出最佳决策，这一能力是他独一无二的天赋。

需要特别强调的是，金钱是价值回报中非常重要的部分，但并不是全部。价值回报的涵义更宽泛，包括成就感、充实感、满足、快乐、幸福等。另外，价值兑现的周期也有长短，有些事完成后可以立刻兑现价值，而有些事却需要长期等待才会逐渐有所收益。

自救法

确保时间用在"刀刃"上

你清楚地知道自己的时间都用在哪里吗？人们想当然地认为自己的时间都用在工作上，但是，事实果真如此吗？

为了看清真相，我们必须对时间的耗用情况进行记录。方法很简单，只需要纸和笔就行了。每做完一件事，在纸上记下事项名称以及起讫时间，例如"14：00—15：45，完成了会议讲稿"。你只要注意一点，那就是必须在处理完某件事之后立刻记录，而不能在事后凭记忆补记，那样往往会有失准确。

对时间耗用情况的记录最好持续三周以上，一季度记录一次，这样搜集的资料才会周全。有了翔实、准确的资料，你便可以分析和自我检讨了。为了更加直观，你需要对事项进行分类，最简单的类别就是"有效事项"和"无效事项"。有效事项是指最终取得成果，产生价值的事情；无效事项则与此相反，所做的事情未产生任何价值。分别计算出用在有效事项和无效事项上的时间，你的时间耗用情况就一目了然了。

你或许不敢相信最终的结论，因为残酷的事实是，无效事项所耗用的时间要远多于有效事项所占用的时间。然而，我们有什么方法可以改变现状呢？

◎●舍弃无效的事项

不改变行动却指望获得不同的结果，这是不可能的。为了改变残酷的现状，我们必须有所行动。舍弃那些无效的事项，这是首先要作出的改变，因为无效事项浪费时间和资源，这些事项越多，造成的损失就越大。

为了舍弃无效事项，你应该在行动前问自己以下问题：

第一,这件事与目标相关吗? 如果与目标无关,那么请果断舍弃。

第二,这件事不做,会有什么后果? 这件事做了,会取得什么成果? 如果既无后果也无成果,那么请果断舍弃。

第三,这件事必须由我亲自做吗? 如果你发现没必要自己做,而别人可以替你做好,何不授权给别人呢?

◎●预留整块的时间

管理大师彼得·德鲁克在《卓有成效的管理者》一书中写道: "即使是只想获得最低程度的有效性,管理者的绝大部分任务也需要相当多的整块时间。如果每一次所花的时间少于这个极限,事情就做不好,所花的时间就是浪费,再做就得从头开始。"

王显准备利用上午的时间完成一份重要的方案。早上他来到办公室,打开电脑,正在构思,电话铃声响了,他不得不接听电话。接完电话,他再次开始构思,部门会议的时间到了,他又去参加会议。开完会,他回到办公桌边,接着思考方案的事情。过了一会儿,同事小刘请他帮忙处理一件事情……上午很快就过完了,而王显的方案依旧是一张白纸。

每做一件事情,都需要相当多的不被打断的整块时间。如果王显关上办公室的门,掐断电话线,拒绝会议……总之,杜绝一切干扰,连续工作2小时,一份相当不错的方案初稿应该可以完成。有了这份初稿,然后再利用零星的时间进行修改,这样效率就会极大提高。

人们开会商议重大问题,往往会特意找一个封闭的环境,关掉手机,不允许任何人打扰,目的就是确保整块时间以集中解决问题。

有一位非常知名的管理者,为了获得整块的时间来处理重要的事,他规定,在9:00—11:00这段时间,属于"无人打扰"时间。他紧闭办公室门,在门把上挂着"请勿打扰"的字牌,切断电话线,并且让秘书挡住不速之客。直到将重要的事情处理完,他才拿掉字牌,敞开办公室门,接待客人,会见下属。正是这段无人打扰的整块时间,确保他每天做完最重要的事。

◎●化零为整

很多时候,我们之所以感觉忙乱,是因为缺少计划。例如:我们总在不同的时间段收发电子邮件、打电话、整理资料等,这些琐碎却不得不做的事情,将时间切割成碎片,难以确保整块的时间来做重要的事。

陈洁是某公司的销售员,她几乎每个月都会获得公司最佳销售精英的荣誉,因为她的业绩总是最好,而且远远高于第二名。她总有充裕的时间来研究客户需求,与客户面对面沟通。

销售团队的经验分享会上,主持人问陈洁:"你认为是什么使得你的业绩总是处在领先的位置?"

　　陈洁回答:"我认为,是效率。大家的时间都是一样的,用功程度也相差不大,最大的差别就是我们对于时间的使用效率不一样,致使在相同的时间里做出不同的业绩。"

　　主持人追问:"你是如何做到高效率的? 有诀窍吗?"

　　陈洁回答:"我总是将所有的注意力都集中在最重要的事情上,为了将重要的事情做好,我将那些琐碎却不得不做的事情集中在一起一次性做完。例如我会将某一天所有要联系的人列一个清单,然后集中在一个时间段逐个联系他们,将电话处理完,我就再也不处理拨打电话的事情了。收发邮件也是,我每天会花费 20 分钟左右的时间将所有的电子邮件收发完毕,之后就再也不打开电子邮箱了。"

　　陈洁的做法值得我们借鉴,将原本需要花费很多零星时间的事情集中到一个时间段内一次性处理,这样就可以有效地避免时间被切割成碎片,确保整块的时间用来做重要的事。

要事为先

　　伯利恒钢铁公司的总裁查尔斯·施瓦布曾经交给他的咨询顾问一个棘手的任务:"怎样才能更好地利用时间? 请帮我找出一个

最简单的方法！只要能办好这件事，报酬由你定！"

于是，咨询师给出了如下的答案："请你今天就写下自己明天必须要做的六件最重要的事，然后用数字标明每件事对于你和你的公司的重要性次序。明天早上一上班，你的第一件事就是把这张纸条拿出来，开始着手完成纸条上的第一项任务。不要看其他的，只看第一项，直至这件事彻底完成为止。然后用同样的方法对待第二件事、第三件事……直至下班。即使你只做完第一件事，也不要紧。因为，你做的始终是最重要的事。请你每一天都这样做，并逐渐养成习惯。在你对这种方法的效果深信不疑之后，就可以给我寄支票了——你认为值多少就给我多少。"

几个星期后，施瓦布给这位咨询顾问寄去了一张 25000 美元的支票。

要事为先——这就是价值 25000 美元的咨询的精髓。

◎●关注"重要但不紧急"的事

因为对眼前的得失并没有多大影响，所以人们常常忽视"重要但不紧急"的事，在这些事上投入的时间甚少。要事为先的原则要求我们彻底改变这一现状。

事实上，只要持续关注"重要但不紧急"的事，你就会发现紧急的事情越来越少。你的工作状态将由被动地四处"救火"，转变为主动地寻找和解决问题。

为了让自己关注真正重要的事，而不是被紧急的事情牵引步伐，你需要将所有事项罗列出来，然后按重要性由高到低的顺序排列。你可以设计自己喜欢的图标作为区分的标志，也可以用"A、B、C……"或"Ⅰ、Ⅱ、Ⅲ……"等作为序号。目的很简单，就是更加直观地显示出事项的重要性。

你只需要按照事项清单上的先后顺序一件一件完成即可。如果你仍觉得自己难以"照单办事"，那不妨将每一事项的"后果"和"成果"标注出来。后果就是不完成的坏处，成果就是完成之后得到的好处。每人都有"趋利避害"的本性，当认清"利"与"害"之后，你的注意力就会有所转变。

高效率人士花费在"不紧急但重要"的事项上的时间，占总有效时间的 60％以上。与此同时，他们坚决杜绝"不紧急也不重要"的事项。这需要极强的克制力，但是一旦做到，我们的效率将得到极大提升。

◎●一时一事

"三心二意"一直作为贬义词来形容不专心的行为，绝大多数人都无法同时做多件事并且取得良好的效果。很多无法持续直到取得成果的行为，最终被遗忘或者被搁置。在组织中，这类有始无终的行为还少吗？

有一位农夫，吃完早饭后决定去耕地。走到田埂的时候，发现玉米地干得开裂,急需浇水,他匆忙回去取水桶。刚到家,他想起鸡还没有喂,于是他又去喂鸡。路过猪圈,听到猪饿得嗷嗷叫,他又去准备猪食了。走到灶头旁,发现没有柴火了,他不得不去拾柴火。没拾到几根柴火,他又想起地里的马铃薯没有采挖……于是,就这样反复折腾,这位农夫一天也没有做成一件事。

这个故事说明了一个道理:如果不集中精力直到将一件事做完,那么很可能一事无成。

为了持续做完一件事,我们必须坚持"一时一事"原则——在某一时间段,集中精力只做一件事,直到完成为止。

你需要在待办事项后添加"完成"和"未完成"的条目。做完一件事情后,在"完成"的条目上划勾,然后再开始下一项工作。如果今天未完成,那么明天就从未完成的事项开始,做完再开始下一事项。

◎●投资健康

"健康的体魄是革命的本钱。"这句话可以更进一步——健康的体魄是从事 切活动的本钱。然而,很多时候,只有当我们病倒了,才强烈地意识到健康的弥足珍贵。有人拼命工作挣钱,损害了健康,最后不得不花钱买健康,遭受肉体的疼痛和精神的折磨,这样的人生又有什么幸福可言?

任何理由都不足以让我们付出健康的代价。相反,为了拥有

健康的体魄，我们需要进行必要的投资。投资健康是"重要但不紧急"的事。

首先，作息要规律。通宵鏖战，因为缺乏睡眠而白天昏昏欲睡；吃饭、休息的时间总是不确定，随意而为。不规律的生活让身体的状态变得紊乱，健康自然离我们越来越远。很多人由于工作的需要常常出差，但即便出门在外，也要按时吃饭和休息，尽量维持有规律的生活。

其次，清淡饮食。暴饮暴食是健康的巨大杀手，大腹便便的糟糕形象往往是无节制的饮食造成的。虽然人们意识到了暴饮暴食对健康的危害，但总以必要的应酬为借口，一次又一次地放纵自己。仔细而理性地想一想，有多少觥筹交错的聚餐或宴会真正具有价值？如果下定决心拒绝，真的那么困难吗？关于如何清淡而健康地饮食，已有很多专业著作进行阐述，我不再赘述。

再次，适度运动。很多职场人士几乎与体力劳动绝缘，整日坐在电脑前纹丝不动，出门要么开车要么坐车，总之，他们缺少运动。这样很容易患上"富贵病"。对于职场人而言，慢跑和散步是不错的选择。此外，瑜伽、桌球、羽毛球、游泳、篮球等都是不错的健身选择。如果你愿意，还可以去专门的健身场所，甚至聘请私人教练。

第五章

拖延等于放弃

别被自己干掉 ·

职场自杀式 5：做事拖延

"到时候再说吧。"

"好的，我再考虑考虑。"

"这件事我过几天就做。"

"再等等吧。"

"不急，早晚都会去做的。"

……

你是否觉得这些话似曾相识？

在这些话的背后，都传达出一个声音，那就是——我现在不会做这件事！

在我们的工作和生活中，到处充斥着拖延的行为。我们自己也深受其害：递交给客户的方案迟迟得不到实质性的反馈；交代给下属的事情临近最后期限也没有执行；上司对于自己的提案迟迟不予答复；签字这样简单的事情，却因为领导的休假而不得不耽误很长时间……我们的宝贵时间浪费在由于拖延而不得不等待的过程中。

你是否也曾为自己的拖延行为感到后悔？因为拖延，不得不在最后期限到来的前一刻草率地完成任务；因为拖延，没有兑现承

诺,当别人追问时无言以对;因为拖延,很多重要的事情被耽搁,损失了大订单;因为拖延,遭到同事、上司、下属的冷眼……拖延,是你惨遭"滑铁卢"的重要原因,也是职场的一大禁忌。

拖延心理学

拖延当然不是好习惯,我相信你对此有所认识,只是不知道为什么,你一次又一次地纵容自己,终于成为了别人眼中的"拖延大王"。人们提起你,几乎用一致的鄙夷口吻说:"这家伙,不靠谱,总是拖!"

这可不是好信号! 一旦被人们贴上"拖延"的标签,你将因此遭受无形损失,而且损失不可计量。人们对"拖延大王"唯恐避之不及,更不希望与其共事或合作。

既然你对拖延的害处谙熟于心,为什么还要明知故犯?

◎●失败恐惧症

导致拖延的第一因素就是害怕失败。失败是每个人都不愿意得到的结果,然而,失败却在所难免。我们只能竭尽全力减少失败,降低失败的可能性,却无法阻止失败的发生。

不愿意接受失败,就会在潜意识中拒绝作出行动。你会因此

丧失行动上的主动性,只有在别人的推动下才会前进。一旦缺失了外在压力和督促,你就会止步不前,拖延也就接踵而至。

既然失败在所难免,何不以坦然的心态接受之?懂得接受失败的人,才会在失败中汲取教训,总结经验,最终走向成功。

不要因为害怕失败而拖延。具体而言,你应该做到:

第一,尽可能地完善行动方案,并制订备选方案;

第二,做好充分的资源准备,减少失败的可能性;

第三,行动上做最好的准备,心态上做最坏的打算;

第四,做好应对失败的方案。

◎●那只难吃的活青蛙

我们遭遇难以解决的问题时,往往会止步不前。有些问题之所以被搁置,就是因为我们总是本能地回避难题。在开会时,你是否常听到这样的话:"这个问题我们下次再商议。""这个问题先不讨论。"由于问题一时难以解决,所以很自然地遭到延迟。

面对一只活的青蛙,你是否不敢想象将它吃下去的情景?难题就好像那只活的青蛙,因为真的很难鼓起勇气将它吃下去,所以一再拖延。

人们发现,那些被拖延的事情,绝大部分是很难解决的问题。三下五除二就能解决的问题,用得着再三拖延吗?

只是有些事,看似简单,而对于某些人来说,却是那只难吃的青蛙。例如找上司签字盖章这样的小事,却因为某些人患有"上司

恐惧症"而变成了难题;还有人因为实在没有什么成绩可以汇报,所以像月度总结报告这样并不需要很长时间的小事,却被一再拖延。

◎●未设定完成期限

由于没有设定截止期限,所以我们总以为完成的时间还很宽裕,直到某一天检验成果的时候突然到来,才猛然意识到大事不妙。可是,一切晚矣!

人们习惯于处理紧急的事情,所以那些没有完成期限压力的事情,理所当然成为被拖延的对象。所以,当你告诉别人"请尽快""越快越好""最短的时间内完成"的时候,不要指望他们尽快完成。因为没有明确完成的时间,而不同的人对"快"的理解有所差异,所以你根本不可能控制他们的完成时间。

◎●责任的跳动

领导同时对你和小刘说:"你们俩一起把这件事办一下。"这时,你会产生侥幸心理——小刘会去办这件事的。当这件事没有办好,追究责任的时候,你再次产生侥幸心理——小刘会对这件事负责的。而与此同时,小刘也产生了同样的侥幸心理。于是,这件事就这样被拖延下去。

一件本可以轻易完成的工作,却因为责任不明确,得不到及时执行。责任没有明确到个人,就会导致责任的推卸。如果领导只对你一个人说:"请你将这件事办一下。"你明确肩负了责任,也就不可能产生任何侥幸心理,自然会不遗余力地完成任务。

正是因为责任的真空,让你感觉到偷懒和逃避责任的可能,才导致拖延行为的产生。

奖惩的空位

如果上司交代你办一件事,可是,上司却没有明确地告诉你为什么要办这件事,以及办了这件事你将得到的好处和不办这件事你将遭受的损失。那么,你就会认为这件事不重要,从而容易忽视这件事。

你也许会反驳,上司交代的事情,我都会尽心尽力去完成——我完全相信你能做到这一点,因为你对无法完成任务的后果有相当清醒的认识。你知道,如果你无法很好地完成任务,上司将认为你没有能力,自然不会对你有所器重,你也就得不到良好的晋升和满意的薪水。

当人们不明确做的好处和不做的坏处时,就不会有动力去完成某件事,拖延行为也就应运而生。

老罗退休后，为了锻炼身体，他决定每天早晨起来跑步。可是，跑了一段时间，他觉得很难坚持，便常常给自己"放假"。

为了让自己坚持每天晨跑，他想出了这样的方法：晨跑的路线是绕小区两圈，起点是小区门口的早餐店，终点也是这里。他规定自己每天晨跑结束后来早餐店吃早饭，如果没有晨跑，就不允许自己吃早饭。从此，为了吃到早饭，老罗每天都坚持晨跑。

老罗只有晨跑才可以吃到早饭，否则就会挨饿，正是在奖励和惩罚的双重推力下，老罗做到了每天坚持晨跑。当你明确了行动后的奖励和不行动的惩罚，而且感觉到这样的奖惩会对你的利益产生较大影响，你就会迅速行动，不会拖延。

拖延意味着放弃

"未觉池塘春草梦，阶前梧叶已秋声。"时间如白驹过隙，逝去如飞。你是否在月末总结的时候觉得自己成绩寥寥？你是否在年终总结的时候觉得自己在虚度时光？一年又一年，转瞬即逝，等待岁月老去，恐怕只剩下无奈的嗟叹了。

拖延无疑是效率的一大杀手。你在前行的路上事事拖延，等于走走停停，而别人却一路向前，毫不停留，当然很容易就超越了

你。他们采到了终点的果实,而你只能望洋兴叹。

某公司的事业部经理离职了,公司决定通过竞聘的方式在该事业部选拔新的经理。人力资源部在三个月前便将选拔新经理的事情通知给了每一位事业部成员。俞凡接到通知后感觉非常兴奋,这是一个难得的机会。如果竞聘成功,自己不仅会获得职位上的晋升,而且自己的薪资待遇也会大幅提升。他决定好好准备,参与竞聘。

然而,还没准备多少东西,他看了下日期表,觉得离竞聘的时候还早着呢,过段时间再准备也完全来得及,于是他将这件事搁置在一旁。

一个月过去了,他几乎把这件事忘记了。偶尔想到,又看看日期表,他再次对自己说:"还早,到时候再准备也来得及。"

三个月转眼就快到了,人事部将竞聘规则发到他手上的时候,他才猛然想起竞聘的事。但时间太仓促了,他匆匆做了些准备,竞聘的日期就到了。

竞聘那天,俞凡走上台,由于准备不足,他心里完全没底,紧张得语无伦次,回答问题也是漏洞百出。而他的同事们则精心准备,发挥良好。俞凡不仅因此失去了升职的机会,而且在同事们面前丢了脸。

由于拖延,俞凡丧失了一次很好的发展机会。"盛年不再来,一日难再晨。"错过了美好的时段,追悔也无济于事。

由于拖延,你错过了一次向大客户投标的机会;由于拖延,一次又一次地令上司对你失望;由于拖延,被竞争对手抢占了先机,你因此失去了很多的市场份额;由于拖延,下属和同事们不再信任你,你因此变得孤立无援,没有人响应和拥护你……这一切都将可能对你的职业生涯产生极大的负面影响,你将因此有可能逐步走向失败的深渊。

◎●问题不会自动消失

一时难以解决的问题,往往会被搁置。这些被搁置的难题越来越多,就形成了巨大的"问题黑洞"。无论是个人还是组织,都存在这样的"黑洞",人们惧怕这个"黑洞",甚至都不敢靠近一步。人们都害怕解决难题,所以这些问题就被无止境地拖延了下去。

"黑洞"里的问题多种多样,例如薪资调整、人事调动、矛盾纠纷、股权分配、技术难题、设定人生目标、与上司沟通自我职业发展、确定项目提成、裁人等。通常而言,涉及多人利益的事情是"问题黑洞"中最常见的一种。

如果不着手铲除"黑洞",那么它只会越来越大,而不可能自动消失。"黑洞"将对相关人员造成巨大的无形压力,令他们坐立难安。我们通常会有这样的经验:越是刻意回避的问题,越是会形成更大的压力。如果我们总是无法直面"黑洞",那么它必然将成为我们前行路上巨大的负担。

"出来混,早晚要还的。"这是耐人寻味的一句电影台词。这里

且不追究这句话的深层涵义，只是想说，被拖延的事情犹如债务，早晚都得偿还。当拖延的任务越聚越多，堆积在一起时，就让你如负沉疴。

为了填补问题"黑洞"，你必须做到：

第一，在条件充分的前提下，立刻着手解决问题。属于自己的工作内容，就自己解决。不属于自己的工作内容，那就找到责任人，充分沟通，明确问题的情况。

第二，如果条件不具备，无法立即解决问题，那就规定时限，并且明确相关责任人。要求责任人在规定的时间内解决问题，并且设定奖惩规则，监督完成情况。

第三，对于已经积压的问题，全部罗列到待办事项清单上，按照解决迫切程度由高到低的顺序排列，明确解决期限和相关责任人，设定奖惩措施，及时处理。

自救法

明确好处和坏处

我们可以将激励的方式分为正激励与负激励。正激励产生推力，如奖励；负激励产生压力，如惩罚。这两种力都可以促使人前

行,从而减少拖延行为的产生。

　　樊杰经营着一家网络科技公司,有一个问题令他很头疼,那就是员工的执行力。一个相当不错的想法、目标或计划,往往因为下属的执行不到位而夭折、流产。有时候,樊杰不得不亲自执行,虽然结果往往都获得了成功,可是,他一个人的时间和精力是有限的,不可能所有事项都由他亲自执行。

　　更令人苦恼的是,员工们毫无工作积极性,总在等待他交代任务,绝不可能自动自发地有计划地开展工作。这让他感觉自己是一个人在战斗。

　　他将自己的苦恼告诉了一位企业咨询师,并询问解决方法。咨询师这样对他说:"有一个简单实用的方法,你可以尝试,那就是你每次交代完任务后,详细而明确地告诉他们做完这件事将得到的好处。"

　　樊杰听完咨询师的建议,深有感悟,并将其贯彻到工作中来。他很快就发现员工们的积极性高涨起来,执行力得到了极大提升,员工们不再像以前那样死气沉沉,而是充满了活力,开始主动发现并解决问题。

　　如果你并不知道做某件事的意义所在,那你为什么会去做呢?管理者的职权并不能代替做事的意义。很多管理者高估了职权的力量,结果遭到了下属的"软抵抗",也就是执行不力,最终丧失了主动性。

对于个人而言,在开展某项行动之前,必须先想清楚意义,也就是行动的好处和不行动的坏处,这样才能提高行动的效率,避免拖延的产生。

◎●明确惩罚

人们之所以轻易忘却目标,是因为并没有明确目标无法实现的后果。很多时候,我们觉得目标得不到实现,似乎并不会造成损失,自己也不会受到任何惩罚,既然这样,为什么非要去实现呢?于是,人们对目标也就变得失去敬畏。

想象一下:如果你不能按时完成投标方案,将与一笔高达百万元的大订单擦肩而过;如果你不能按时赴约,将错失一段良缘;如果你不能及时赶到失事现场,一个垂危的生命将不幸失去……这些后果是你想要的吗?

仔细想一想严重的后果,你就会产生足够的紧迫感。

一旦明确了惩罚措施,人们为了规避惩罚,就会设法实现目标。公司常常利用这一点,对公司成员进行考核,通过惩罚措施督促他们实现目标。对于自己设定的目标,我们也需要明确惩罚措施。例如,不能够完成既定的事项,就惩罚自己晚饭只能喝粥,或者一个月之内不准买新衣服(这对于爱美的女人而言是很大的惩罚)。

◎●即时奖励

与惩罚相辅相成的是即时奖励。圆满完成任务后,奖励自己

一次旅游、一本书、一件新衣服、一个冰激凌……让自己享受实现
目标带来的好处，这样会催生更大的热情和动力。

世界社会行为研究组织曾对 15000 名学生和 3000 名教师进
行了为期 5 年的跟踪调查，研究者希望寻找出影响学生学习成绩
的关键性因素。在调查之前，天赋、学习习惯、教师水平、早期家庭
教育……都被人们认为是决定学习成绩的关键因素。然而，调查
数据否认了这些观点。研究者得出结论：教师们对学生的肯定和
激励是影响学习成绩的关键因素！

这出乎大多数人的意料，可仔细分析之后，人们又非常认可这
一结论。善用表扬、激励的教师，能够给学生传达正面信息，学生
得到肯定之后，知道了如何做是对的，于是便循着正确的方向努
力。在被肯定、努力、被肯定、再努力……的循环中，目标很容易实
现。而那些过激的、生硬的、缺乏技巧的批评，都可能导致自暴自
弃的行为。学生在长期得不到肯定的情况下，很容易失去方向和
前进的动力。

对于公司而言，对员工的奖励要及时，过期的奖励不仅会削弱
激励作用，还会使员工对奖励产生冷漠、厌恶的心理。

厉娜通过自身努力为公司解决了一项技术难题，为公司节省
了将近 20 万元的研发成本。

公司决定一次性奖励厉娜 3000 元现金。虽然嘉奖令都已经
颁发了，但是最为实质性的现金，财务部却迟迟没有发放。厉娜催

了几次,财务人员说经理没有签字,让她耐心等待。厉娜不好意思直接向经理询问奖金的事,只能旁敲侧击提醒经理。

就这样,厉娜等了一个多月,财务人员终于找到她,让她提供发票,厉娜不得不费很大劲去搜集发票。而很多发票送到财务处时,又由于不合格而被退了回来,如此反复,厉娜最终拿到奖金,但此时她已经毫无喜悦可言了,相反地,她对公司产生了许多抱怨。

由于奖励不及时,使得奖励产生了相反的作用。这样的奖励又有什么意义呢?

即时奖励是对阶段性成果的肯定,也是给自己的鼓舞。即时奖励对于完成一项艰巨而且周期漫长的任务而言至关重要。每取得一个阶段性成果,就为自己和团队成员庆祝一下,同时告诉所有人(包括你自己),只要继续努力,最终的成果就会取得。

即便是纯粹的个人行为,得不到外界奖励,也应该自己给自己一个奖励。你不妨为自己建立一个成功基金,每达到一个成果后,可以从中支取现金来为自己庆祝;还可以邀请好友,与他们一起分享成功果实。

◎●建立回报机制

只需在每个步骤完成时犒劳一下自己,你便可以让自己渴望并一直坚持工作,直到该工作完成为止。

在行为心理学中,这被称为操作性条件反射。驯兽师训练的动物每完成一个动作都会得到奖励(大多数是食物),用动物的实例来比喻人类行为似乎有些不恰当,但道理却是一样的。心理学家发现,人的行为动机,有 85％ 是预期在采取该行为后获得的好处。

如果实现目标异常艰巨而且复杂,那么,你就应当依照特定的标准(时间先后标准、任务模块标准等)将这一目标分解,并设定回报机制。每完成一部分工作,你将获得相应回报,这会激励你专心致志、全力以赴地工作,直到实现目标。

回报可以是非常简单的事情,比如停下来喝杯咖啡,站起来四处逛逛,还可以是购物、下馆子、与家人一起休假。

你必须在完成既定的任务后才可以享受回报,通过这种方式把注意力从困难转移到回报带来的享受上。最终,你将发现某些内在的因素激励着你去开始并完成任务。

立即行动

根治拖延的良方就是立即行动。决定做一件事,马上就做,而不要等一等,容后再议。既然决定做了,为什么不现在做?

即便现在很空,有时间立即着手工作,但你还是说:"放一放

再做吧!"你或许觉得这样并没有不妥之处——这只是你的习惯!

正因为如此,才异常可怕,因为习惯的力量是巨大的。

一位落魄的人来到算命先生跟前,说:"我35岁之前,一直在失败,我想请你帮我看一看,35岁之后会怎样?"算命先生看了看这个落魄的人,说道:"35岁之后,你还会一直失败。"落魄的人不解地问道:"为什么?"算命先生回答:"因为你已经习惯了失败。"

习惯有好也有坏,你习以为常的很多习惯,或许正是制约你发展的关键因素,不要因为习惯了,就拒绝反思和改变。

为什么要无缘无故地拖延下去呢?从现在开始,拒绝拖延,立即行动吧!

◎●紧凑的时间安排

简单地假设,如果你一天为自己设定10项任务,你不一定可以全部完成,但你可能完成了6项;如果你只设定3项,即使你全部完成,也只是3项。效率孰高孰低,一目了然。

每天的时间安排得紧凑些,你会产生紧迫感,行动的速度自然会提升。

李然是某公司新进的电话销售人员。由于是第一次接触电话销售，李然内心很是胆怯，所以，他制订一天的工作计划时，清单上写着"电话数量 10 个"。他的想法是循序渐进，慢慢增加数量。

一个月过去了，李然电话沟通的成效没有显著改进，电话沟通时还会很紧张，业务介绍也不流畅，了解客户需求不全面、不清晰。

销售部经理将李然叫到办公室，与他一起探讨原因。经理仔细看了他的每日计划后，让他把电话沟通数量增加到 60 个。李然为了完成任务，全力打电话，同事开玩笑说："只见他整天打电话，变成电话狂人了。"

不到半个月，李然就出单了。他的电话销售水平也发生了天翻地覆的变化，打电话不再紧张，言语流利，业务介绍得相当专业。

李然总结说："我的进步来自于每日工作清单上的数字变化。为了完成 60 个电话的任务，我埋头打电话，没有多想别的，不知不觉就有了今天的进步。"

设定具有挑战性的目标才会产生激励作用。当你感觉到目标来不及实现的时候，就会产生紧迫感，潜意识就会提醒自己加快速度。

你或许见过牛犁地的情形——农夫在牛背后挥舞着鞭子，发出"噼啪"的脆响。其实，农夫并不是要打牛，而是用这种方式提醒

牛不要偷懒。将时间安排得紧凑些,你就等于给自己制造了一根鞭子,无形中鞭策着你提升速度,减少拖延。

◎●提前一步

如果你答应上司在周五完成方案书的撰写工作,那么,你不妨规定自己必须在周四完成。

将截止期限向前挪一挪,可以预留出缓冲时间,即使因突发情况而有所耽误,也有时间补救。另外,提前一步,会让自己产生紧迫感。

王真总能够准时完成任务,极少有紧急的任务需要处理。公司会议,她准时出席,准备充分,且总能提出建设性意见。由她组织和统筹的大型活动,都井然有序。她服务的客户,没有任何一家提出过不满或产生过抱怨。每周必交的工作总结和工作计划,多数人总要拖到下周一上午才匆匆上交,而她总能在周五下班前准时递交。

同事们都很好奇,纷纷问王真:"你是怎么做到这一点的呢?"

在同事们的一致恳求下,王真分享了她的经验。她说:"我喜欢把所有事情往前挪一挪,例如,如果一份文件需要在8点交给客户,我就会规定自己要在7点之前完成,这样就一定能在8点准时给客户。8点的时候,我又在做9点之前需要完成的任

务。我并没有特殊的本领将事情做得特别快，只是将实际完成的时间移到任务截止时间之前，就能保证任务总能在规定时间内完成。"

◎●向别人许下承诺

所有人都害怕失信于人。当你向别人作出了承诺，你就会想方设法在约定的时间内兑现承诺。

对于重要的项目，你可以围绕目标制订一份承诺书，向上司、同事或客户承诺实现目标的时间。目标承诺书可以贴在所有人都看得见的公告栏内。

这份承诺书犹如一位监督者，将对你的行动产生极大的鞭策作用。因为如果你无法按时兑现承诺，将失信于所有人。

当然，你也可以向别人作出口头承诺，或者通过发邮件、发短信，向别人承诺"在某月某日某时，我将做到……"

你必须谨记这些承诺，将它们记在纸上，随时翻阅，既是对你的提醒，又让你产生紧迫感，促使你立即行动。

◎●从最困难的任务着手

要克服拖延的习惯，有一个简单的规则，那就是先做不喜欢的事。

你必须强迫自己花 10 分钟以上的时间来做自己不太喜欢的工作。只要你真正开始做了，就会发现事情并不是想象中那么难

做或者让人讨厌。

当不喜欢的事情做完后，你就可以集中精力来做喜欢的工作。否则，那些不喜欢的工作会一直悬在你的心头，使你分心，无法高效地做喜欢的工作。

总有一些事情让你一想到就头大。你总试图绕过它，可是又无路可绕，于是它就成为了挡在前进路上的巨大障碍。你为之心烦意乱。

如果你下定决心，勇敢地面对它们，并且强迫自己在开始一天的工作之前首先将它们解决，那么，之后的工作都会令你感觉轻松。

还有一些规定时限的事情，你感觉很难在规定的时间内完成，因此，你产生了恐惧感。其实你只要开始做，并且持续下去，这种恐惧感逐渐就会消失，你会发现做完这些事情并不难。预想种种糟糕的后果只会让自己心虚，重要的是采取行动。只有切实的行动才会让自己产生充实感和自信心。

通常情况下，如果先处理给你带来最大压力、让你感到最恐惧的事情，接下来的工作将更有效率。这种做法可以帮你在工作中打破僵局，解脱心理和情感上的束缚，让你能够轻松完成其他的任务。因为你连最害怕的困难都克服了，那么，剩余的困难都不在话下。

美国著名作家马克·吐温曾说过："每天早上起床后，你应该做的第一件事情就是生吃一只青蛙。这样你就会十分开心，

因为你知道在接下来的一整天里都不会发生更糟糕的事情了。"

"生吃青蛙",就是完成最困难、最棘手的工作。在做其他事情前,开始动手并完成这类工作,你将会十分开心,因为你知道在余下的一天里大部分事情都将进展顺利。

第六章

不成长，就会被抛弃

别被自己干掉 ·

职场自杀式 6：不思进取

韩翔在某公司从事了 10 年的行政管理工作，从 26 岁到 36 岁，最美好的时光都贡献给了这家公司。

该公司发展迅速，在 10 年之内，由一家 100 多人的公司发展为在职员工 5000 多人的上市公司。

随着公司的高速发展，对员工能力与素质的要求也越来越高。尤其是公司上市后，全面实行标准化的管理模式，而且要求员工必须掌握熟练的英语口语。

韩翔虽然是公司中资历最老的员工，但他发现自己越来越跟不上公司发展的脚步了。与 10 年前相比，公司的变化太巨大了，而韩翔自认为自己资格老而不愿学习新技术、接受新变化，渐渐无法适应公司的发展。曾经与韩翔共事的同事都升职加薪，进入了核心管理层。

最后，韩翔只好选择辞职。

韩翔的主要问题在于他不愿学习新知识，没有与公司一起成长和进步，最后遭到淘汰。

"逆水行舟，不进则退。"当今社会发展迅猛，初入职场的你，或

许拥有高学历，或许掌握了高人一等的本领，与其他人相比优势明显，然而，如果你因此骄傲自满，故步自封，拒绝成长，那么，你很快就会被别人超越。

成长比成功更重要

华为公司在《致新员工书》中这样写道：

"'您想做专家吗？一律从基层做起'，这一观念已经在公司深入人心。进入公司一周以后，博士、硕士、学士，以及在原工作单位取得的地位均消失。一切凭实际能力与责任心定位，对您个人的评价以及应得到的回报主要取决于您实干中体现出来的贡献度。……希望您接受命运的挑战，不屈不挠地前行，不惜碰得头破血流。但不经磨难，何以成才！"

"合抱之木，生于毫末；九层之台，起于累土；千里之行，始于足下。"没有一蹴而就的成功。华为公司的《致新员工书》启示我们：成功没有捷径，必须从基本做起，通过点滴的积累，慢慢成长，最终换来成功的硕果。

◎●丢掉速成的幻想

你或许看到身边的人攀附裙带关系，谋得名和利；你或许亲眼

目睹一些迅速走向成功的鲜活案例。在现实社会中，速成的现象确有发生。然而，这并不意味着你可以复制。

也许，你看到的只是表象。成功是漫长积累，最后爆发的过程。你看到的很可能只是爆发阶段的成果，却忽略了在爆发前，他们付出的长期而艰巨的努力。

至于那些人们并未努力而获得的成功，犹如沙滩上的大厦，虽然高耸入云，但根基不稳，因为人们没有付出时间和精力来打基础。根基不稳的成功，稍有风吹雨打，就可能轰然而倒，不复存在。

成功是一时的爆发，而成长却是一直延续的过程。只要我们时刻都在成长，就不必担心是否能够成功，因为成功只是时间问题。而一次成功后就骄傲自满，拥功自居，不再追求进步，那么早晚会遭到淘汰。

◎●终生学习

由于受到传统教育观念的影响，很多人以为从学校毕业后自己就永久地告别了读书生涯，从此不再学习。或许是因为他们在书山学海中煎熬够了，所以此生再也不愿意重拾书本了。

传统的教育方式也许给了我们非常糟糕的体验，但这并不能成为我们拒绝学习和成长的原因。走上社会后，你完全可以自主决定学习的内容和方式。所以，不要在潜意识中为自己的偷懒行为寻找借口了。

学习是一辈子的事，你在学校掌握的那点知识，根本没法帮助

你应付生活中的各种场面,更没法保证你畅行职场。你要学习的内容还有很多,尤其是"社会"这个大课题,你所了解的,也许只是它的皮毛。革命尚未成功,同志尚需努力呀!

即便你已经在职场上打拼多年,而且小有成就,可以毫不脸红地形容自己为"成功人士",你也不应该停下学习和成长的步伐。要知道,后生可畏,勤勉的职场新人"站"在前人的经验上,很容易就能够追赶并且超越你。如何持续保持领先?当然是继续向前跑!

不能承受之晋升

升职当然是好事,值得击掌庆贺,但问题也接踵而至。

袁强是某公司销售部的客户经理,由于业绩突出,被提拔为主管,带领10人的销售小组。

还没来得及庆祝,袁强就发现问题汹涌而来,自己有点招架不住了。

首先,下属们总有很多业务上的问题请教他,他的时间被下属们分割得支离破碎,以至于没有时间像之前一样与客户充分地沟通了。

其次，袁强需要花费大量时间和精力与下属们沟通工作目标与任务。有的下属对目标不清晰，袁强需要耐心而细致地解释；有的下属觉得任务分配不合理，袁强需要晓之以理，与其商议、探讨，最终确定出合理的分配方式；有的下属抵制任务，不全力配合工作，袁强还要小心翼翼地改变其想法，激励其努力工作。

再次，大量的主管沟通会议让袁强耗尽了精力。平行部门之间需要协调的事情已经很多了，再加上公司管理层每周、每月的例会，临时召开的沟通会、协调会，耗时又耗力，而且绝大多数时候收效甚微。袁强疲于应付，却有苦难言。

很多业务精英、技术能手晋升为管理者之后，完全没有他们之前那样出色，甚至有可能成为一名非常不合格的管理人员。原因其实很简单——管理与做业务、搞技术是完全不同的工作，以相同的工作方式来应付不同的工作内容，当然不一定能得到令人满意的结果。

◎●突破行为设限

行动上没有作出丝毫改变，却希望收获不同的果实，这无异于天方夜谭。由业务或技术人员晋升为管理者之后，首先应该做的就是转变角色，学习管理知识和技能，这样才能符合新工作对你的要求。

1993 年,路易斯·格斯特纳接手 IBM 公司。当时的 IBM 公司陷入了严重的经营危机,亏损严重,就连比尔·盖茨都预测 IBM 将在几年内倒闭。

外界对格斯特纳也没有寄予一丝希望,在此之前,格斯特纳从事烟草行业,完全不懂 IT 技术。许多评论家认为格斯特纳担任 IBM 公司的 CEO 职位简直太荒谬了。

然而,结果却让人们大跌眼镜——

1994 年年底,IBM 获得了自 20 世纪 90 年代以来的第一次赢利,达到 30 亿美元。

1995 年 6 月 5 日,格斯特纳最终以 35 亿美元并购 Lotus(莲花)公司,成为软件史上最大的并购案。IBM 开始向软件市场发动总攻,并一举拿下企业网络市场。

1995 年,IBM 营业收入突破了 700 亿美元大关。IBM 的大型机业务也复活了。

1996 年 11 月 15 日,IBM 股票升到 145 美元,达到了 9 年来的最高点。

格斯特纳为 IBM 带来了滚滚利润。因为不受固有的环境和思维束缚,这位"外来的和尚"比懂行的精英们更能、更会大胆变革,从而让 IBM 这只大象跳起舞来。

格斯特纳打破常规,勇于变革,大胆创新,从而取得了巨大成功。被传统和经验所束缚,墨守成规,又怎能取得突破性的成绩呢?

学习力＝竞争力

"21世纪最贵的是什么？人才。"这是电影《天下无贼》中的经典台词，然而，对于人才而言，什么才是最珍贵的？我们先来看一看王娟的故事。

王娟是应届毕业生，她去某公司应聘财务会计的职位。由于没有任何工作经验，她遭到了面试官的婉拒。

面试官敷衍地对她说："今天我们的面试就到这里，请你先回去，如果有消息我们会打电话通知你。"

王娟站起身，却并没有离开，而是出人意料地从口袋中掏出一元钱，双手递给面试官，说："不管贵公司是否录用我，都请给我打个电话。"

面试官从未遇到这种情况，被王娟的举动惊呆了。他惊讶地问王娟："为什么一定要打电话？"

王娟诚恳地回答："因为我想知道，自己在哪方面没有达到你们的要求，我好改进。"

面试官追问："那一元钱是？"

王娟笑着说道："给没有被录用的人打电话不属于公司的正常

开支,所以我付电话费,请您一定要打。"

面试官被王娟彻底打动了,他说:"请把一元钱收回,不用打电话了,我现在就正式通知你,你被录用了。"

"我想知道,自己在哪方面没有达到你们的要求,我好改进。"这句话道出了王娟不断学习与提升的强烈愿望,正是这种愿望打动了面试官,为她赢得了工作机会。

◎●过去不等于未来

初入职场的你,终于明白了"书到用时方恨少"的道理。在学校所掌握的知识,似乎在职场都很难派上用场,一切必须重新开始。你虚心向前辈们请教,处处留心。

很快,聪明的你就学会了工作所需要的知识和技能,能够游刃有余地利用各种招数应付难题。此时,你开始懈怠,因为你觉得自己已有的本领和经验,足以在职场畅行无阻。新来的同事都尊称你为"前辈",而你的成就甚至远远超过曾经的上司和"师傅"。于是,你觉得自己"资格"老了,骄傲之情悄然滋生。

你不再参加公司的培训;遇到问题,你不再虚心听取别人的意见,而是只凭借自己的经验;你对新的资讯不怎么感兴趣了,更很少花工夫去研究;你懒得掌握新的技能了;你对现状很满意,觉得这样持续下去并没有什么不好;你以为,世界的变化并没有那么快,你甚至连已经变化的事物都没有及时发现。

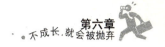

如果你完全符合上述症状，那么，糟糕了！

也许就在不久的将来，你会突然发现原来在自己身后的人，不知不觉跑到了自己的前面；原来在同一起跑线上的人，已经取得了斐然的成绩，相比之下自己已经落后很多。

周永亮参加 10 周年同学聚会。曾经的同窗好友好不容易聚在一起，海阔天空地聊了起来。周永亮很快就发现自己很难参与大家的谈话，因为谈话的内容他了解得很少，为了不显露自己的浅薄，他只能沉默。

席间，大家免不了谈起自己的工作和成绩。周永亮惊讶地发现，昔日的同窗们都让自己刮目相看——要么创办了自己的公司，成为老板；要么晋升为公司管理者，年薪数十万元；要么考上了公务员，成为政府官员；要么掌握了顶尖的技术，成为某领域的专家……而自己仅仅是一家小公司的主管，区区 5 名下属，薪酬更是少得可怜。相比之下，他自惭形秽，借故早早地离开了。

在此之前，周永亮一直觉得自己"混"得不错。他刚进公司时从业务做起，销售业绩一直不错，领导提拔他为主管，团队的销售业绩虽然算不上最好，但第二或者第三的位置还能排得上。他一直引以为傲，却不知道山外有山，自己做了一只井底蛙，还守着一点点成绩沾沾自喜。因为没有学习与进步的意识，所以自己在不知不觉间已经远远落后于别人了。

◎●别一味相信经验

经验是人们对事物的认知,人们常常用经验来指导自己当下的行为和预测未来。俗语说:"初生牛犊不怕虎。"由于缺乏经验,孩子对事物并没有畏惧之心,在漫长的成长过程中,孩子逐渐积累了经验,慢慢知道了许多可为和不可为的事情。经验在规避危险、预测未来的行为中发挥了巨大作用,成为人生的宝贵财富。

然而,一味相信经验不懂得变通,也有可能会遭遇损失。

美国汽车大王亨利·福特在1903年成立了福特汽车公司,第一批福特汽车因实用、质量好、定价合理,生意一开始就非常兴隆。

1906年,福特公司推出了面向较富裕阶层的豪华轿车,车身笨重,且多为定制款,大众都买不起,结果汽车销售量下降。

1907年,福特总结经验教训,及时地调整战略计划,实行薄利多销,于是汽车销售量又魔术般地回升。当时,全国性的经济衰退已露端倪,许多企业纷纷倒闭,唯独福特汽车公司生意兴隆,赢利125万美元。

1908年年初,福特按照当时的大众需要(尤其是农场主),作出了明智的战略决策:从此致力于生产规格统一、价格低廉、大众需要而且买得起的T型车,并且在实行产品标准化的基础上组织大规模的生产。T型车在当时的确具备了先前所有各种型号汽车的优点。此后 10 余年,由于福特汽车适销对路,销售量迅速增加,最高一年达到 100 万辆。在 20 世纪 20 年代中期的几年中,福特汽车公司的纯收入竟达 5 亿美元,成为当时世界上最大的汽车公司。

然而好景不长,随着美国经济的增长和居民收入、生活水平的提高,形势发生了变化:公路四通八达,路面交通大大改善,消费者开始追求时髦。简陋的 T 型车虽然价格低廉,但已不能吸引顾客,因此销量开始下降。

然而,当时的亨利·福特却不愿意面对市场新形势。1922年,福特在全国年会上听到关于 T 型车需要根本改进的呼吁后,静坐了两小时,然后回答道:"先生们,据我看,福特车的唯一缺点是我们造得不够快。"

与此同时,福特汽车公司的竞争对手——通用汽车公司推出了系列产品,为客户提供了更多选择:雪佛兰是低价车,接着是别克、奥兹莫比尔和庞蒂亚克,最后则是最为昂贵和豪华的凯迪拉克。

老福特坚持认为,对付竞争的唯一办法,是降低 T 型车的成本。这一认识的最终结果是福特公司在底特律的鲁日河畔建立了一个巨大的中心生产工厂,一年 365 天,天天都能以较低的成本生产出更多的汽车。然而,到 1923 年,情况已经很清楚,福特的低价政策并没有吸引买主。

通用汽车公司的市场扩张策略基于美国人的生活习惯——每

一两年改变一下汽车的式样。通用汽车公司时刻注意汽车市场上的动向,不断创新,增加了一些新颜色、新式样的汽车。

而在福特的生产和经营观念中,这是十足的邪门歪道。福特汽车公司的高级职员敦促福特改变他的基本方针,以便更好地应对竞争,甚至福特的夫人也劝告福特不要再固执己见。但是福特拒绝了,他争辩道:"我们希望造出某种永远能用下去的机器,我们希望买了我们一件产品的人永远不需要再买另一件。我们决不会作出使先前样式废弃不用的任何改进。"他这样做的直接后果是他的大多数助手纷纷离去以及销量的大幅度下降。

到 1927 年,福特把所有的 34 家工厂关闭 6 个月,以便重新安排生产,但是之后关闭了整整一年时间,生产也没有全面展开。

亨利·福特因为固守以往的经验,而没有根据市场需求的变化适时作出战略调整,使福特汽车公司遭受损失。

经验是人们对过去事物的认知。随着时间的流逝,客观条件发生了变化,此时,经验就不再具有指导意义。福特的经验帮助他取得了伟大的成功,但是,随着客观条件的变化(主要体现在市场需求由追求物美价廉的汽车变化为追求富有时尚与个性元素的汽车),福特的经验已经无法让成功继续下去。

因此,不要固执地依赖经验,当客观条件发生变化时,要勇于突破经验限制。

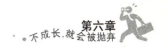

◎●学习力决定竞争力

在当今社会,企业与企业之间的竞争不再局限于规模、产品质量、市场占有率、成本控制……本质上,企业与企业之间的竞争是学习能力的竞争。谁的学习能力更强,更能敏锐地捕捉市场需求的变化,并且恰当地满足这种需求,谁就可以赢得顾客。

个人与个人之间的竞争,也不局限于学历、经验、职位、人际关系……本质上,个人与个人之间的竞争也是学习能力的竞争。作家王蒙说:"一个人的实力绝大部分来自学习。"谁的学习能力更强,掌握更多的知识与技能,胜任更有难度的工作,谁就可以在职场脱颖而出。

自救法

永葆学习心

别以为离开了学校就永远告别了学习生活,恰恰相反,离开学校意味着新的学习生涯的开始。社会和职场都是值得研读的"大书",比书本知识更深奥、更难懂。

卓有成效的人们从未停止学习与探索的脚步,他们总是虚心

地向别人请教,汲取他人的长处,保证有足够的时间用于学习新的知识、观念和技能。正是因为不断地学习,才使得他们持续保持良好的竞争力。

刘娜是某公司的会务专员,她工作出色,屡次获得领导的嘉奖。但刘娜清醒地意识到,自己不能够一直局限于会务的职位。于是,她利用空余时间,学习人力资源管理方面的知识,常常向人力资源部门的同事请教问题。有一段时间,人力资源部有人员离职,短时间内招不到合适的人员。刘娜主动申请到人力资源部兼职,在兼职期间,她积累了丰富的实践经验。

机会垂青于有准备的人。公司推行竞聘上岗的制度,人力资源部空缺了一个职位,公司有5个人报名参加竞聘,刘娜以精彩的表现赢得了这一机会。

与刘娜相反的是,有些职场人轻易满足于已经取得的成绩,没有意识到学习的必要性和重要性,在工作之余,没有将时间投资于学习。他们会遭遇怎样的后果呢?请看下面的案例:

刘唐是某培训公司的讲师,主要讲授班组管理的课程。他的授课风格成熟,课程内容完善,颇受客户的欢迎。相比于公司的其他讲师,他是课程量最多、课酬最高的一位。对此,他很得意。

当其他讲师努力开发课程的时候,他有些不屑地说:"把一门课程讲好就行了。"他空闲时间就与同事闲聊、上网随意浏览网页信息、玩游戏等。

两年后，班组管理的课程升级到更高的版本，刘唐的课程内容显得太过陈旧，已经很少有客户再为这样的课程买单了。公司其他讲师努力开发的新课程开始流行起来，他们的课程量不断增加，课酬也远远高于刘唐了。

所谓"逆水行舟，不进则退"。刘唐的经历告诉我们，当别人积极学习、努力进取的时候，你却原地不动，那么理所当然将落后于人。

◎●归零心

当人在某一特定的环境中取得优异成绩后，很容易滋生骄傲、自满的情绪。尤其是当周围其他人都没有自己优秀时，更易产生"唯我独大"的自负心理。当人内心被自我膨胀的情绪占据之后，新事物就很难进入。

归零的心态要求我们，无论取得什么样的成绩，始终要具备一颗"从零开始"的心。

被誉为日本经营之神的松下幸之助曾向一位禅师请教经营的秘诀。可是，对禅师的教导松下幸之助并没有洗耳恭听，而是急切地阐述自己的观点。禅师听而不语，只拿起水壶往杯子里倒水。

杯中的水很快就满了,并溢到杯外。松下幸之助提醒禅师,但禅师自顾向杯中倒水。他惊讶之余,感觉到禅师在暗示自己什么道理。

松下幸之助不再说话,等待禅师道出其中玄奥。许久,禅师才说道:"杯中的水满了,就再也倒不进水了,只有将杯中的水倒空,才能装进新的水。你既然来向我请教经营之道,为何不将自己杯中的水倒空呢?"

松下幸之助听完,恍然大悟。于是缄默不语,虚心听取禅师的意见。

归零心,要求我们在吸取新的知识时,将成见、经验、旧有的思维模式等统统倒空。听取别人意见的时候,不要急于反驳,要认真、耐心地听完别人的话。当然,你也完全没必要盲从。在听完别人的意见之后,你依然要仔细甄别信息的准确性和科学性,去其糟粕,取其精华,这样才能对你的行动有所助益。

◎●进取心

我们都会嘲笑井底之蛙的狭隘,然而,有时我们自己又何尝不是局限于弹丸之地而沾沾自喜呢?

尤其是当我们在职场获得一席之位,形成了较为稳固的竞争力之后,往往容易止步不前。于是人们从你身旁悄然超越,跑到了你的前面,而你很可能浑然不觉。有朝一日忽然看到别人取得的辉煌成绩,你才意识到自己已经远远落后了。

为了持续保持竞争力,你必须尽力突破狭隘的自我满足,心怀"没有远虑,必有近忧"的想法,不断进取、创新。

◎●持久心

你一定曾信誓旦旦地说"从今往后……",可没过多久,誓言就被抛掷脑后,一切又恢复如初。"三天打鱼,两天晒网",这是我们常犯的错误。

事实证明,一时冲动的决定难以持久,要想取得成效,必须养成学习的习惯。有一位知名的企业家在采访中谈到自己的学习习惯,他说,每天无论多忙,他都会设法腾出两小时的时间用于阅读;无论去哪里出差,他的包里都会放一本书,在路上翻阅;他会每月听一次课,每年参加一次大型论坛,让自己不断接触到新信息。

要养成习惯,有时候必须依赖强制的力量,不断地重复学习行为。毕业之后,没有老师和家长的监督,一切都由自己掌控。因此,强大的自制力格外重要。你必须给自己制订详细、可行的学习方案,然后将其视为准则,不折不扣地照此执行。

◎●主动心

绝大多数职场人士为了更好地胜任工作,不得不学习,这种被迫式学习能够弥补缺陷,使自己的能力得到补充和完善。

但为了胜任更高难度的工作,你应该主动思考"我应该学习什

么",这种主动式学习才是提升自我能力的方式。

被动学习只能满足工作对能力的需求;而主动学习才能够在选择工作的时候掌握主动权,挑选自己喜欢并且适合自己的工作,而不是无奈地接受工作。

高效的学习方法

具备了正确的学习心态,还需要掌握高效的学习方法。选择的方法不同,效果可能大相径庭。走出了校门,你不必完成老师布置的任务,也不必考取一个较高的分数。学习的最终意义是指导你的实践,帮助你在职场取得更好的成绩。因此,我们的学习必须卓有成效。

用于学习上的投资(时间、精力、金钱),应当为你带来成倍的收益。如果这样的收益并不存在,或者收益甚微,那么,我们应该审视学习方法是否科学。

以下列出一些被实践证明为高效的学习方法,供你参考。

◎●坚持记笔记

别过分相信记忆力,它会令你失望的。即便你具有过目不忘的本领,也不能拒绝使用笔记本。

在笔记本上记下学习内容,不仅可以留做资料,方便今后复习,而且可以增强学习效果。科学试验证明,人体参与学习的器官越多,记住的内容就会越多。记笔记的过程是你将听到和看到的内容输入大脑,再由大脑指挥手写到笔记本上。这一过程必须由多个器官参与才能完成(眼睛、耳朵、大脑、手),学习效果比单纯地听要好很多。

越来越多的老师意识到"参与式"(或称"互动式")教学的重要性。"参与式"教学是与"老师讲、学生听"的"填鸭式"教学相对立的概念。"参与式"教学赋予了学习者更多的主动权,老师不再单纯地传授知识,而是更注重启发学习者的思维,通过学习者自己的思考得出答案。由于学习者参与更多,学习效果比"填鸭式"教学好很多。

记笔记可以增加学习效果,但是,如果将记笔记理解为"把听到或看到的写在纸上",那就大错特错了。很多人的笔记本就像算术草稿,字迹模糊,书写杂乱。过了一段时间,连自己也认不清写的是什么。这样的笔记只会浪费纸张和笔墨,根本不会增加学习效果。

因此,请保持工整、清晰的记录习惯。

当然,为了搜集资料,原封不动地将学习内容记到笔记本上,这无可厚非。如果没有搜集资料的任务,那么,请对听到或看到的内容进行归纳、总结,尽量用自己的语言记录。

◎●让自己见识到成效

常有人问我："该学习什么呢？"我也曾对此深感困惑。由于无法得出结论，很长一段时间我都在空想，没有进行任何学习行为。有一天，我突然醒悟过来，为什么非得想清楚学习什么再开始付诸行动呢？

每个人都有梦想，可是，绝大多数梦想都不曾被实现——但这丝毫不会削减梦想对于人生的重要性，因为梦想是什么并不重要，重要的是人们为了梦想而奋斗，人生因为奋斗而不断前进，因此生活得充实、精彩，并收获幸福。

同理，在学习初始阶段，如果苦苦思考仍旧无法确定自己该学习什么，那就不要在此白费时间了。不管学习什么，付诸行动才是最重要的。你可以选择任意领域开始自己的学习之旅。

让自己先行动起来，尝到学习带来的充盈感——这对激发你的学习热情非常重要。长期纠结于"该学习什么"却得不到答案，只会挫伤学习热情。

当你付诸行动后，随着学习领域的不断拓展，你慢慢会发现自己的兴趣所在，"我该学习什么"的问题自然迎刃而解。

◎●与别人分享学习成果

你一定有过这样的体会：自己感觉听懂了、理解了的知识，却很难向别人讲述清楚。当你将所学的知识讲给其他人听的时候，

就会发现自己掌握得并不扎实、全面,甚至漏洞百出。

与别人分享学习成果是一件双赢的好事。与别人分享,不仅可以使他人增长知识,而且,你会迫使自己深入地理解和掌握所学的知识。分享的过程也是对知识的温习,有利于更好地记忆所学内容。你会在分享过程中发现遗漏的知识点,产生新的问题,这是对学习内容的升级。在分享的过程中,你还可以与别人一起探讨,加深对所学内容的理解。

读书会、沙龙、小型讲座都是不错的分享方式,其实操作的程序大致相同,核心的内容就是讲述和讨论。需要注意的是,分享的主题要鲜明而且集中,最好一次只分享一个主题。这样有利于深入地探讨问题,并且容易集中所有人的注意力,也不会让人感觉冗长。

讲述的时候,最好配上 PPT 演示。讨论则需要按照发言的顺序,并且规定时间,不要长篇大论,也不要重复别人的观点。

◎●制订改善计划

不要为了学习而学习。有些人学习能力很强,取得证书无数,获得荣誉无数,可是,在学习上的投资,并不是为了收获证书或荣誉,而应该是对实践行为的改善。

如果所学的内容不能付诸实践,那么很快就会被潜意识放入"冷宫",渐渐被你淡忘。长此以往,你在学习上的投资大多会付诸东流。而你无法见到成效,学习的热情就会逐渐衰减。

因此,你必须在学习之后立即制订改善计划,并且付诸实践。制订改善计划的方法很简单,你只需要针对学习的内容,写出可以在实践活动中运用的行动方案。例如,针对时间管理方面,你可以制订以下改善计划:

➤ 在工作中导入日清表,今日事今日毕;

➤ 将一天所要做的事情依照重要程度从高到低的次序排列,然后依次完成;

➤ 每天留出无人打扰的两小时做最重要的事;

➤ 每天下班后整理办公环境,保持桌面干净、整洁;

➤ 每天必须有一小时的时间来陪伴家人;

➤ 每个月月初按照 SMART 法则①设定工作目标;

……

值得注意的是,在具体的实施过程中,我们没有必要制订基于"偶然性"的改善计划,也就是执行一两天,然后就在实践行为中彻底消失了的计划。这样的改善计划当然不会具有实际的成效。

改善计划必须基于"必然性",也就是改善计划应当能够在实践活动中长久坚持,并持续发挥作用。

---

① SMART 法则:制定目标时应该遵循的五项原则。S 为 Specific,即目标一定要明确,不能抽象模糊;M 为 Measurable,即目标一定是可以度量的;A 为 Attainable,即目标必须是可以实现的,或者是经过努力可以实现的;R 为 Realistic,即目标必须和其他目标具有相关性;T 为 Time-based,即目标必须有明确的截止期限。——编者注

第七章

请附上解决方案

别被自己干掉 ·

职场自杀式 7：问题不断却不提供解决方案

金杰升任为研发部部门经理，主持新产品的研发工作。薛谦是研发部的员工，每次召开研讨会，他都会提出很多问题。对于别人的提案，薛谦一味质疑和否定，却没有建设性的意见，很多想法都因为他的反对而搁置。

有一次，薛谦照例在研讨会上提出很多问题，大家一度陷于沉默，讨论的气氛很低沉。金杰忍无可忍，反问薛谦："请问，你有解决方案吗？"

薛谦摇头不语。

金杰怒道："既然没有解决方案，提出一大堆问题有什么用！提出问题是为了解决问题，如果因为问题存在就放弃，那我们还要不要做事了？"

薛谦无言以对。

提出问题的目的是为了解决问题！身为职场人，仅仅提出问题是远远不够的，如果一味提问，却无法提供解决方案，只会变身为"问题先生"，惹来别人的反感。

你是不是"问题专业户"？

在组织中有一种很有趣的现象，就是当组织决定作出某项行为的时候，总会遭遇很多来自组织成员的问题和反对意见，最后，组织行为被放弃。

你一定有过这样的经历——你决定做一件事，却遭到"问题炮弹"的轰炸，这些炮弹来自家长、朋友、同事、上司、亲人……最后，你认输了，不再考虑做这件事了。

我们一次又一次在问题面前缴械投降，却从未意识到正是这些问题扼杀了我们的创造性。很多伟大的创新在开始阶段都被人们认为"不可能"，都被一堆问题簇拥着。如果轻易向问题妥协，那么我们今天又怎么能享受到这些创新所带来的好处和便利？

虽然我们深受问题的迫害，却常常在无意中充当了"问题专业户"的角色。请仔细回想一下，你是否曾在同事提出某项提案后狠狠地泼他冷水，告诉他"这简直是天方夜谭"，根本不可能实现——因为各种各样的问题明摆着。虽然你提出了问题，但没有解决方法。

小时候，大人们常常粗暴地告诉我们——不可以！然而，为什么不可以？问题的原因是什么？怎么解决问题？这些他们却忽略

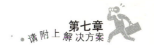

不提。于是,我们的创造激情被挫伤,我们探索世界的热情被熄灭,我们动手实践的渴望被打压。

◎●无谓的抱怨

问题的出现在所难免,在工作中遭遇问题是正常的,没有问题恰恰是最大的问题,因为平静的表现可能隐藏着更大的问题。

遭遇问题,这对于每一位职场人士而言已经是稀松平常的事了,然而,我们对待问题的态度却千差万别。有人在问题面前喋喋不休地抱怨:抱怨上司不给予支持,抱怨同事配合不默契,抱怨下属执行不到位……

但抱怨对于问题的解决起不到任何积极作用,反而会引起误会,造成对立的局面,挫伤工作的热情,破坏和谐的工作氛围。人与人之间 80% 的矛盾是因为沟通不畅引起的,而无谓的抱怨只会阻碍沟通的渠道。

◎●汇报问题就足够了吗?

为了逃避责任,为了少承担些任务,我们常常草率地对上司说"这件事情我做不到"。或者告诉上司:"现在面临着五大问题,它们分别是……"汇报完问题后,你追问上司:"现在,该怎么办?"

上司沉默片刻,然后对你说:"让我想想。"

就这样,你与问题脱离了关系,因为这时候,问题的承担者已经由你转移为上司。上司必须思考出解决方案然后告诉你,否则,

这将是上司的失职。

这样的情况在职场太普遍了。无论是普通职员还是管理者，似乎都对此习以为常。

然而，这却是一种极不合理的现象。如果下属把所有问题都转移到管理者身上，那么，管理者将陷入重重问题中不能自拔，根本没有时间去做更重要的事情。另一方面，下属解决问题的能力也得不到锻炼，即使工作时间增加，能力也不会有所提升。

◎●逃避问题

人们都不希望与问题相遇，可是，问题一旦出现，逃避却是不明智的行为。有人因为逃避问题而放弃承担工作中的压力，有人因为逃避问题而抛弃自己创办的企业携款逃跑，有人因为逃避问题一次又一次地选择跳槽……

逃避也许能换来短时间内的解脱，眼不见则心不烦，可是，逃避并不能让问题得到解决。相反，这些被搁置的问题可能像疾病一样因为失去了最佳的治疗时间，变得越来越严重。而且，逃避可能伴随着新问题的产生。逃避行为是不负责任、不诚信的表现，会让你的上司、下属、同事、客户、合作伙伴等对你产生恶劣的印象。

我们一再降低要求和标准，就是为了避开问题。但是，成功地绕开了问题之后，是否能够令上司满意？是否经得起市场的检验？是否能够让客户埋单？

我们可以退而求其次，可以重新制定标准，然而，我们并不是

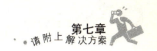

自我行为的最终检验者。只有让服务对象满意，我们的付出才有意义。

解决问题是你的天职

初入职场，我曾和大多数职场人一样，态度端正，手脚勤快，尽心尽力地完成上司布置的工作。只是，我们总在无意中犯下错误。例如做完了工作却没有及时、主动地向上司汇报情况，一直等到上司问起才说明情况。又如做事缺乏计划，总是想到什么做什么。再如执行完任务后，就无所事事地等待上司安排下一个任务，自己从不针对目标制订计划，也从不主动执行任务。

◎●完成任务≠解决问题

随着工作年限的增加，我逐渐意识到这些错误并非无伤大雅，而是非常严重甚至是致命的。我们通常以为，遵照上司的指示，完成任务就意味着工作的结束。于是，我们一次又一次地对上司说——

"我打过电话给供应商了，他们没有符合要求的零部件。"

"我已经催了很多次，但客户就是不肯付款，我实在没办法。"

"由于找不到能够解决技术问题的专家，我们只能放弃这套系

统了。"

"我尽力了,但确实没办法。"

"对不起,我办不到。"

"做这件事太困难了。"

"这几乎不可能。"

……

你或许认为,自己确实尽了最大的努力,而且也遵照上司的指示去做了,所以结果如何不关自己的事。可是,请换位思考,假设你身为管理者,希望自己的下属是没有想法、不会思考、不能解决问题的人吗?

完成任务并不等于解决问题。上司让你去一家指定的供应商那里采购零部件,你发现这家供应商没货了,于是回来向上司汇报,任务到此完成了。可是,问题解决了吗?显然没有,仓库里依然缺少零部件,生产无法继续,订单不能完成,公司很可能因此损失金钱和信誉。

怎样才算解决问题呢?为了解决问题,你需要询问这家供应商,能不能定制这些零部件,定制的成本是多少?时间要多久?然后对照采购预算和时间要求决定是否定制。如果定制来不及了,你需要再寻找几家供应商,了解这些供应商有没有要求采购的零部件,并且分别询问价格。如果这些供应商都没有货,你需要与相关部门的专家或技术人员沟通,询问他们能否用其他材料代替。

上司需要的是解决问题而不是简单地完成任务的员工。如果

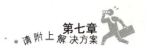

你总是局限于完成任务的层级，那么，你永远只是配角。你也许很辛苦，但未必能得到上司的赏识。因为如果是你，你也会青睐于能够帮你解决问题的人——这是人之常情，你必须懂！

提问的目的

你一定在很多场合遭遇过这样的情况：当某个人建议一个想法时，必然有很多人针对这个想法提出问题。人们似乎为了证明自己高人一筹，所以想方设法提出各种方法实施过程中难以解答的问题。因为问题太多，而且建议者一时无法解答，所以这个想法就被搁置了。

我清楚地记得，有一次开会，一个提案遭到了"问题炮弹"的轰炸。炮火正酣的时候，会议主持者说了下面这样一段话，我至今仍旧印象深刻。

"我们今天在这里讨论，目的是设法把这件事做成，而不是寻找理由不做这件事。所以，不要一味地提出问题，而不思考如何解决问题。"

这段话令所有参与讨论的人都恍然大悟。是啊！提问的目的是为了更好地把事情办成，而不是寻找理由不去做事。于是，所有

人提问的出发点不再是纯粹的质疑或者炫耀,而是为了使提案趋于完善和可行。

◎●提出问题是为了解决问题

提问的目的是为了解决问题。只有将注意力集中于解决问题,提问才具有意义,否则,提问就会演变为质疑、反对或挑衅。

一味地质疑和反对还会遭到别人的反感和排斥。常常有人因为看不惯连连质疑的人,就反问他们:"请问,您有何高见? 我倒想听听。"那些只是单纯提出问题的人,就无言以对了,因为他们自己也没有好的提议。

自救法

真诚地提问

"你的想法一点也不切合实际!""亏你想得出这个方案!""你觉得这可行吗?"……这是我们在否定他人想法时常说的话。

曾任美国总统的西奥多·罗斯福说过,如果自己的决策的正确率达到75%,那就已经达到了他对自己的最高期望。被誉为20世纪最伟大的心灵导师和成功学大师、美国现代成人教育之父的戴尔·卡耐基曾说过:"如果你能确定自己的判断有 55% 是一定正确的,那你就能到华尔街上呼风唤雨,赚进无数的财富。"

卓越人士的判断的正确率也只能如此,我们又有多少自信呢?所以,当别人提出想法或方案时,不要草率地给予否定,因为你自己的看法不一定正确!

当你确认无疑,直截了当地指出对方错误的时候,他们就会心悦诚服地接受吗?怎么可能!

你不恰当的表述方式、不尊重的身体语言(音调、眼神、手势等)和露骨的批评,都可能刺伤他们的自尊心,让他们对你谈话的内容甚至你本人产生厌恶之情。换而言之,你的提问很可能除了换来厌恶,没有其他任何意义。

谢玲是某公司的人力资源部经理,她的重要职责就是为公司设计并落实一套激励制度,使业务部门的员工获得更多的订单,帮助公司更好地赢利。

由于公司引进了大量新产品和新项目,每个产品和项目的成本与利润都有所不同,之前业务部门的激励制度已经不再符合现在的要求了。谢玲花费了很大的精力,重新设计了一套合适的激励制度,并带着这个制度走进了会议室。

谢玲直截了当地指出了业务部门现行激励制度的种种缺陷,并提出自己的修正方案。信心满满的她,却出人意料地遭到了围攻。究其原因,是因为她过于直接和毫无技巧可言的表述方式,让

业务部的各个主管感觉很丢面子,于是他们毫不留情地给予了反击,使谢玲陷入了为新制度处处辩解的不利状况。

最后,谢玲的提案遭到了否决。

无论你的出发点多么善意、无私、纯粹,都会因为不恰当的提问方式而让别人误会,成为得罪别人的导火索。因此,掌握正确的提问方式是迫在眉睫的事。以下是一些较为合适的表述,供大家参考。

◎●"你的想法很棒!"

没有人会拒绝别人对自己的赞美,而且,赞美别人总不会招惹麻烦。即使别人的想法和提案真的非常糟糕,你也要在发表自己的观点之前毫不吝啬地夸奖说:"你的想法很棒!"

说出这句话,对你而言不会有任何损失,对别人而言却是尊重和肯定。在展开实质性地批判和否定之前,先说出这句话缓和一下,会让别人不伤颜面,也更容易接受你的观点。

在说出"你的想法很棒"之后阐述你的观点,会让对方感觉你是在他的基础上作了补充和完善,而不是推翻他,在他的对立面重竖大旗。没有人愿意自己被推翻(包括你自己),你要做的是顺应人们的自然心理。

◎●"我的看法也不一定正确。"

不要当面指出别人的不对,在想指出别人不对之前,你真的确

定自己正确吗?

我们发现,自己决定改变主意,这并不是件困难的事。可是,如果有人当面粗暴地说我们错了,我们必定对此感到愤怒,进而更加坚信自己的观点。其实,我们在乎的不是自己对或错,而是受到威胁的自尊心。因为我们觉得,被别人当面指出错误,这是一件很丢人的事情。

如果我们能在提问之前谦虚地说一句:"我的看法也不一定正确。"那么,谁还会拒绝你呢?

18世纪美国最伟大的科学家和发明家,著名的政治家、外交家、哲学家、文学家和航海家以及美国独立战争的伟大领袖本杰明·富兰克林曾说道:"我不再直接反驳他人,以避免伤他人的自尊。我甚至不使用过于刚性的词句,如'当然是'、'毫无疑问'等。相反,我尽量用'我想是''据我的了解''我猜想此事是如此这般''到目前为止,它看来是这样'等。假如有人提出些意见,而我认为其中有误时,我也刻意地阻止自己直接指出他的错误,避免让他觉得自己的论点可笑之至。反之,我会先说出某些特别的案例或状况,证明对方的意见有时候确实是正确的,只是在目前的状况下,他的意见'似乎'或'看起来'有一点不同等。"

◎●将"但是"改为"而且"

很多时候,我们常常这样说:"您的做法真是太好了,但是,

如果能够再降低成本……"听到这句话的人，可能丝毫感觉不到你对他的肯定，反而觉得你的铺垫都不过是为了"但是"之后的批评。

很多人习惯在真诚的赞美后，说出"但是"两个字，并接下来说出一连串的批评。我们常常这样教育子女："雅雅，这次期中考试，你的成绩进步很大，我们很为你感到骄傲。但是，如果你在物理这一科上更用功的话，成绩应该会更好。"孩子听到这样的话，原本受到鼓舞的心情在听到"但是"这个词之后急转直下，最终可能只是感觉到父母对自己的否定。

为什么会产生这样的后果？因为我们的措辞用得不合适，我们不应该用"但是"！

有时候，改变两三个字，就能决定你是否可以成功地改变他人而不致引起愤怒或伤害他人。

如果我们把"但是"改成"而且"，可能效果就会完全不同："雅雅，这次期中考试，你的成绩进步很大，我们很为你感到骄傲。而且，如果你接下来也这么用功的话，你的物理成绩会跟其他科目一样好。"

这样一来，孩子就会欣然接受你的赞美，因为你没有紧接着批评她失败的地方。由于我们用间接的方式指出我们希望她改善的地方，很可能她会努力达成我们对他的期望。

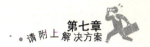

消灭问题

最好的提问方式是带着解决方案。提出问题,同时又帮助解决问题,这是赢得好感和信赖的最佳做法。

提出问题仅仅是开始,而解决问题才有价值。如果问题一大堆,却无法提供任何解决方案,只会给人留下"问题专业户"的印象。

所以,在发言之前,请认真思考解决的方法。尤其是向上司汇报、请示时,不要仅仅只是呈现问题,因为当你说完后,上司很可能会问:"你认为现在该怎么解决?"如果你在走进上司办公室之前没有认真思考过这个问题,那么,此时你只能尴尬地说不出话了。

◎●让上司做选择题

管理者将某项任务授权给下属,下属在执行的过程中遇到了问题,于是下属走进办公室,向管理者汇报情况,然后问道:"您看,这怎么办?"这样的情况你是否觉得特别熟悉?无论是管理者还是上司,很多人都曾碰到这样的情况。

管理者们渐渐感觉到了压力,因为几乎每天都有下属跑进办公室汇报问题,然后用期待的眼神看着他们,问道:"您看,这怎么办?"于是管理者们不得不花费大量的时间来思考,然后将答案告

诉下属。管理者们为此付出了巨大的时间成本，甚至没有时间做更重要的事情。

其实，责任是一只跳动的猴子。当下属被授权之后，他们就肩负着责任的"猴子"，然而，当他们向管理者反问"怎么办"时，这只"猴子"就悄悄跳到了管理者的肩上。责任的"猴子"在管理者与下属之间来回跳动，不仅耗尽了管理者的时间和精力，也无法让下属们得到真正的锻炼。

正确的做法是在请示上司之前想好问题的解决方案。在问题汇报完毕之后，附上你提供的解决方案，这些解决方案最好是多个，并说明每一个方案的利弊，然后请上司选择或者提出自己的指示。这样做，你就肩负起了全部的责任，同时，上司只是履行决策权而已。

◎●欢迎问题

在职场中，问题的出现具有必然性，没有问题恰恰意味着更大的问题。

首先，没有问题往往意味着你的行动不具有挑战性。这几乎注定了成果将平淡无奇，甚至根本就不是期望的成果。如果你指望所有的行动都如履平地、一帆风顺，那也就不要指望收获令人满意的成果。

其次，很多时候，没有问题的表象之后可能隐藏着更大的问题。这些隐性的问题如果一直得不到解决，长期累积后，一旦爆发

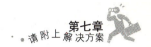

就会产生不可挽救的危险。

再次，问题其实是行动在推进的标志。当行动不断向成果挺进的时候，产生了阻碍，问题也就随之诞生了。如果问题迟迟不出现，很可能是行动停滞不前的征兆。

另一方面，解决问题的过程是你锻炼和提升自我能力的绝好机会。越积极地思考解决方案，你就会越主动、越有创意。问题让你在困境中得到磨炼，使你积累了经验，锻炼了胆识，提升了能力。

很多看似不可战胜的问题主要是因为我们并没有真正了解它。我们总在假想中将问题扩大，做着"涨'问题'威风，灭自己志气"的傻事。直到我们看清问题的面目，才发现"原来也不过如此"。很多问题并没有想象中那么可怕，而是我们在想象中过分夸大了它的威力。

因此，我们首先要树立"欢迎问题"的观念。问题虽然给我们带来了诸多麻烦，但问题的出现未尝不是一件好事情。当问题不断得到解决，我们与成果的距离也在不断缩短。

◎●以积极心直面问题

让我们看一看被誉为日本经营之神的松下幸之助是如何对待人生中出现的问题的。

23岁时，松下幸之助在大阪电灯公司服务，不幸患上了肺结核。当时患上这种病的人十有八九是活不成的，松下幸之助的两

个哥哥就是因为患此病而离开人世的，所以，他也等于是被判了死刑。松下幸之助觉得反正要死了，索性继续工作下去算了。不可思议的是，他不但病情没有继续恶化，反而渐渐康复。

松下幸之助无论遇到什么困难，都往好的一面想，认为"自己运气实在太好了"。客观地说，松下幸之助的运气可以说很不好。他自幼家庭贫困，连小学都没念完就不得不去一家商店当学徒，从早到晚擦地板、帮别人带小孩。他的创业之路更是坎坷艰难，充满了旁人难以想象的困难。

但正是松下幸之助乐观的精神，帮助他渡过了一个又一个难关，解决了各种问题，最后开创了伟大的事业。

无论在工作上或其他事情上，遇到问题时，能够相信"自己运气很好"，觉得自己一定可以渡过难关，甚至转祸为福，创造更好的前景，那么，任何问题都可以迎刃而解。

◎●有效解决问题

能否有效解决问题，决定着你能够赚多少钱，能否被认可并得到提升，同事是否尊重你，你能否在职场中有所成就。

让我们看一看海尔人张庆福是如何面对问题的。

张庆福来到尼日利亚拜访海尔在当地的营销经理，了解海尔冰箱在当地的销售情况。营销经理抱怨说："尼日利亚的电网不严密,电压不稳定,导致经常停电。除了少数大单位自备发电机外,大部分普通用户一旦遇到停电的糟糕状况,只能无可奈何地接受冰块化成水的事实。"

张庆福将这位营销经理的抱怨记在心头。尼日利亚地处热带,夏天又干又热,人们很需要用冰块来解渴降温。因此,制冷后冰块如何在停电的情况下保存更长的时间便成了最大的问题。

随后,张庆福将海尔的一款制冷后保温时间超过 100 小时的冷柜推向当地市场进行测试,结果,"停电也能吃上冰块"这个亮点让海尔冷柜在当地市场引起了轰动,几乎所有市面上卖冰块的小商店全都换用了海尔冷柜,而且,冷柜还带动了海尔其他产品的热销,进一步提高了海尔品牌在当地的知名度和美誉度。

遇到断电这种阻碍性的问题,张庆福没有抱怨尼日利亚的落后,而是转变思维,以一种全新的思考方式来解决问题,结果开创了一个更大的市场,取得了成功。

问题就是这样:你越胆怯,它反而越强大;你越逃避,它反而离你越近。反之,你越无畏,它就越弱小;你越自信,它离你就越远。

在职场中,只有切实解决问题,才会取得成果,才能体现价值。那么,如何有效地解决问题呢?以下步骤供你参考:

第一,准确定义问题。

我们总是在一发现问题时就立刻想找到解决方案。可是,很

多时候,我们并没有找对真正的问题所在,也就是说,我们急于解决的,根本就不是问题本身。如果找错了问题,即使你用正确的方式解决了该问题,情况也不会有所好转。

因此,当问题出现时,首先问自己:"到底出了什么问题?"你需要把问题写下来,然后召集所有人给问题下定义。切记,准确地定义问题是成功的一半。只有当大家就问题的定义达成一致,才能找到正确的解决方案。

当你准确地定义问题后,你会发现很容易找到合理的解决方法。事实证明,有50%的问题在定义阶段就能得到解决。

有时,一个大问题实际上是由多个小问题组成的"集群问题"。通过准确地定义问题,你就可以把大问题分解成几个组成部分,这样你就能立刻解决每个小问题。

在定义复杂问题(这些问题由多个问题组合而成)的时候,你还需要安排解决问题的顺序。哪个问题必须首先给予解决?这个问题通常并不明确,这就要求你多花点时间把它找出来。

第二,识别原因。

在寻求解决方案之前,先自问:"使问题产生的真正原因是什么?"要想地提出合适的解决方案,首先要找到产生问题的根本原因。

第三,制订解决方案。

接下来,你可以针对问题制订解决方案了。

把你想到的所有解决方案都写下来,越多越好。先不要考虑

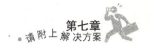

可行性,只要不离谱,你所想到的方案都可以写下来。

不要局限于一种解决方案。在许多情况下,显而易见的解决方案并不是最佳方案。有时,最佳方案恰恰与你最初的想法大相径庭。

在寻找各种解决问题的方案时,你应该明确解决方案的上下限,也就是"最好怎样"和"最坏怎样"。超出上下限,就不能作为解决方案了,应当果断舍弃。

除此之外,你还需要明确解决方案必须达成什么目标。你应该从结果出发,在选定解决方案之前,弄清自己希望通过该解决方案实现什么样的目标。也就是说,如果该解决方案完美无缺,你希望执行之后获得什么样的结果。

第四,作出决策。

在穷尽了所有可行的解决方案之后,就需要你作出决断了。在可选方案中,选择让你感觉最好的方案。

在选择方案之前,先自问:"为什么这个方案是最好的?"花些时间仔细分析解决方案的优势,这将使你在执行方案过程中节约大量时间。

第五,选定备用方案。

在选出最佳方案之后,你还需要考虑该方案可能无法解决问题。在这种情况下,你的备用方案是什么?你制订的备用方案越多,在执行时你的效率就越高。因此,尽可能多地选定备用方案。

第六,分配具体的责任。

选定了解决方案后,你要么亲自执行,要么授权他人执行。

如果你授权他人执行,务必要为工作设定日程表和截止日期。要让每个人都了解工作的内容是什么,负责人是谁,工作应该遵循怎样的日程。

许多公司在解决问题时都常犯这样的错误:他们提出优秀的解决方案,分配了职责,然后便将其束之高阁。一段时间后,发现工作没有任何进展。

为什么呢?就是因为没有设定截止日期。一旦选定了解决方案,就要分配职责,设定截止日期并亲自跟进。

第八章

令人讨厌的“评论家”

别被自己干掉 ·

职场自杀式 8：空谈却不行动

章正雄是公司新引进的项目经理。第一次项目会议上，章经理就以其清晰的思路和慷慨激昂的谈话让项目组成员深感佩服，大家都觉得他会是不错的领导。

渐渐地，大家发现这位章经理说得好，说得多，但做得却逊色许多。承诺的事情常常不兑现，说过的话很多不算数，制订的方案经常不执行。

项目组成员看穿这一点后，不再将章经理的话当真了，而是抱着无所谓的态度观望、等待，完全没有了当初的执行力和激情。大家对于半途而废的事情已经习以为常，于是，一个又一个提案因为执行不力而流产，一项又一项工作因为没有人负责到底而没有结果。

半年时间不到，因为项目毫无进展，章正雄被公司辞退。

在职场中，与章正雄一样，空谈却不行动的人为数不少。他们在会议上高谈阔论，思路天马行空，可是，走出会议室，他们却没有着手开展具体的行动，而是指望别人践行自己的想法。当其他人开展行动时，他们又开始评头论足，频出主意。他们因此遭到了别人的厌恶。

组织需要的角色

职场江湖中，埋伏着各种各样的角色。有运筹帷幄、指点迷津、掌舵护航的领袖人物；有兢兢业业、埋头苦干的务实型人物；有见风使舵、阿谀奉承的马屁精；也有光说不练、纸上谈兵的空谈家。

有两种角色，在职场中最常见到，它们彼此形成鲜明的对比。这两种角色就是评论家和实干家。

◎●评论家

我在大学读书期间，常常打篮球。有一位球友，他很喜欢站在场外指挥，并评论球员们的表现。尤其是当打球的人发挥欠佳的时候，他就嘘声不断，并且大声疾呼给予指导。在场上打球的人终于忍无可忍，愤怒地对他说："要不你上来打吧！"他却连连拒绝，依旧继续充当场外的评论员。

即便他说的话有参考价值，但人们还是故意不予理睬，因为谁也不愿意听一个只知道背着手妄加评论的家伙啰嗦。

在职场中，有很多与这位球友一样的评论家角色。他们往往

见多识广，具有相当高的理论水准，而且口才绝佳。当别人冲锋陷阵的时候，他们在一旁指挥，并且对人们的表现加以评论。

然而，当有人对他们说："来，你上去试试。"他们完全没有了评论别人时的果断和干脆劲，而变得畏首畏尾，毫无战斗力。总之，他们的行为比语言逊色许多。

他们害怕颜面扫地，所以拒绝参与行动，这样就可以与失败绝缘。他们总是凭借自己渊博的见识和理论水平，对别人评头论足，可当他们自己动手，效果却比他们的批评对象糟糕很多。

他们完全没有闭上嘴巴、动手行动的打算，不过，越来越多的人看穿了他们的做法，已经对他们表现出不屑和不满了。一个埋头做事的人，才懒得理会总在一旁叫嚣不停的人。

申铉满是韩国最大猎头公司的社长兼总裁，他在自己的书中为我们描述了报社记者中"评论家"的形象。他们给人的第一印象往往是见多识广、聪明能干，可是，在一起工作的时间一长，他们就显露出自己的本性了。其他记者同事都在努力写新闻稿，而他们不仅没有动笔，反而坐在桌前喋喋不休地评论：

"这篇稿子的文笔太差了。"

"这篇稿子人云亦云，完全没有自己独特的思想。"

"这篇稿子有好几处硬伤！"

……

　　他们评价别人头头是道，其主要作用就是找出别人的问题并给予指点，却不亲自动手写东西。

　　评论家几乎是职场中最令人讨厌的角色。他们中的绝大多数人都不愿意承认自己的错误，尤其是在别人当面指出的时候。你一定有过这样的经历：明明知道自己错了，却因为别人的当面评论，反而更加坚持错误的行为。

　　每个人都把自尊心看得远远比对与错更重要，随意评论别人的行为只会刺伤别人的自尊心，招来别人的反感和愤怒。

　　评论家招人讨厌的另一个重要原因就是他们经常退后一步，以一个观察者的姿态出现，别人在冲锋陷阵，他们却在一旁指手画脚，甚至冷嘲热讽。他们说得好听，做得往往很糟糕，所以，没有谁真的信服他们！

◎●实干家

　　与评论家形成鲜明对比的是实干家。他们所有行动的出发点都是为了解决问题、取得成果。他们知道，只有成果是唯一真正有价值的。如果没有成果，说得天花乱坠也没有任何意义。

　　实干家具有非常高的执行力。只要接到任务，他们就立刻着手开展具体的工作，而不会拖延或者推辞。在工作过程中，遇到困难他们不会大呼小叫，而是先默默地寻找解决方案。只有当他们真的无能为力时，才会请示上司，寻求帮助和支持。即便遭遇不公

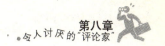

平的待遇或不被人所理解,他们也不抱怨,不散布流言,而是用行动和成果澄清一切。

实干型的管理者不会轻易埋怨、责难或训斥下属,他们致力于辅导下属解决问题,帮助他们成长。

实干家们不会过多地考虑谁是谁非、谁优谁劣的问题,因为他们的注意力集中在行动上。他们才不会闲得对别人的行为妄加评论。在他们的眼中,最重要的事情就是实现目标,取得成果。

实干家们不会执著于过去,而是放眼未来。因为他们心里清楚,过去的已经过去了,不可能让时光倒流,所以纠缠于过去没有任何意义。把握现在,创造更美好的未来才是应该做的。

实干家们是乐观派,他们相信任何问题都有解决方法。他们专注于成功的可能性,而不被问题和困难牵绊,所以,他们总是信心满满,毫不畏惧。

行动是最有力的语言

越来越多的企业在招聘员工时更注重面试者的行动能力,也就是"他们曾做成过什么",而不仅仅是学历、头衔、外语水平、资格证书等。

在招聘员工的事情上,很多企业三番五次地碰壁。评论家们的求职简历都很精彩——高学历、绚烂的任职经历、恰到好处的措辞……而且,他们非常聪明,知道大多数面试官喜欢什么样的答案。他们的面试表现无可挑剔,而企业一旦录用了他们,只能在之后叫苦不迭。

于是企业家们开始青睐于实干型人才,他们把橄榄枝伸向了那些看起来并不起眼但务实、行动能力强的应聘者。

某知名集团公司公开招聘,应聘者沈超在50多名候选人中胜出。让人颇感意外的是,沈超中专毕业,最高的学历是成人自考本科,而且发证的学校也没有名气。而竞争者中不乏名校的研究生、海归等,也有取得专业资格证书的人。

为什么其他人会落选,而沈超却能脱颖而出呢?

原来沈超相比于其他人而言,具有更强的行动能力和务实精神。他进入社会后做过很多事,而且事实证明,他所做的每件事最终都能取得满意的成绩。

管理者们意识到,评价员工的能力不能仅仅以语言为依据,更重要的是看他们的行动。某位员工说得怎么样,你可以作为参考;观察他们真正做了什么,才能作出正确全面的评价。可惜,这个道理虽然简单,说起来也是老生常谈,但很多管理者却做不到,他们一直被一些员工的花言巧语和巧舌如簧所欺骗。

◎●不行动,永远别想获得成果

人们常说,世上最遥远的距离是目标与现实的距离。那是因为行动的缺失。没有行动,目标永远遥不可及。

有人理直气壮地说:"我作出了行动,而且已经很努力了,可就是没有成功,我也没办法。"

或许因为你的能力达不到要求,或者努力不够,但是,无论什么原因,最终无法"做成事"的行动都没有任何意义。

为了让行动卓有成效,你必须坚持以下原则:

第一,设定正确的目标。目标是对成果的描述,是我们希望通过行动获得的有效结果。如果目标设定错误,那就意味着行动必然失败,甚至是"做得多错得多"。

第二,选用正确、高效的行动方法。方法的选择深刻地影响着行动的效率。实现目标的方法有很多种,你需要结合现有资源、投入预算等情况,选择适合自己的方法。

第三,持续行动直到取得成果。没有取得成果,就意味着行动是无效的,资源的投入不会产生效益。因此,你必须持续地采取行动,直到取得成果。

◎●人们更看重你做了什么

如果某位管理者要求部属必须遵守公司的规章制度,按时上下班,可是,这位管理者自己却无视公司的规定,常常迟到早退,那

么,鬼才会把他说的话当真!

如果你只是告诉客户:"我们的实力真的很强,完全可以为你提供高品质的服务,一定会帮助你解决问题……"哪怕你用了无数表示肯定的措辞(诸如"真的"、"完全可以"、"一定"),恐怕也不会博得客户的信任。而当你向客户展示成功的案例,用事实证明你所说的一切,那么,客户很容易就会信任你。

人们常常试图说服别人,或者对别人提出要求,但仅仅凭嘴说,很难令人信服。即使利用职权强加于人,效果也一定非常差。那么,应该怎么做?

某超市的负责人每天都要去一家分店巡查。有一天,他看见一位顾客在柜台前等候,而没有店员服务,店员们正聚在货架后面的一个角落里说笑。

这位负责人没有跑到店员面前大声呵责,而是静静地走到柜台前,帮助这位顾客取货、结账。然后把东西交给店员包装,就走开了。

店员们当然知道这是超市负责人。从此,这家分店再也没有发生过类似的事情了。

行动是最有力的语言。当你评说他人,或者对别人提出要求时,最好的方式就是用你的行动说话。

行动力：决胜职场的法宝

某公司的一位管理者不允许在自己的办公桌前放置椅子，因为他不愿意花费太多的时间在"说"上。下属站着与自己沟通，显然会大大提高沟通的效率，节省更多的时间用来开展行动，以便更快地推进工作。

行动力，是指实现目标、取得成果的能力。说的多，做到的却很少，这样的人行动力就低。高行动力的人是说到做到的人。他们一旦作出承诺，必定全力以赴来兑现承诺。他们不花费时间评说他人的是非、对错，而是用自己的成果向人们表明他的决心。他们拿事实说话，绝不空谈。

行动力强的实干家才是企业欢迎的人才。那么，行动力强的人才具备怎样的素养呢？

◎●一旦承诺，必定兑现

轻易向别人承诺，往往会造成自己负担过重，你将不得不花费大量的时间和精力去兑现承诺。当然，你也可以选择爽约，将负担甩掉，但你将因此损失信誉。

正确的做法应当是不轻易承诺,而一旦承诺,则想尽一切办法兑现。这样做的好处是你能够维持较高的信誉,而不至于造成太大的牺牲,并且让人觉得你是一个有原则的人(而不是那种不会拒绝的"滥好人")。

◎●不忽略小事

松下幸之助曾说过,会处理大事的能力固然令人钦佩,但兢兢业业、一丝不苟地处理小事并且坚持不懈,才是真正的伟大。对工作中的日常小事,若是处理不当,也可能会带来不可挽回的损失。

古人教导我们:"不以恶小而为之,不因善小而不为。"小恶做多了,必定造成大的恶果;小善累加起来,也可以修成正果。不择细流,才能够成就海的广阔;不嫌细土,才能够成就山的高耸。

小事做好了,才能为做好大事打下良好的基础;小事处理不好,经过积累或增长,就会慢慢演化为大失误、大问题。处理小事需要更耐心、更细心,也需要甘于奉献和寂寞的精神。

◎●不必上司交代

如果你是一位管理者,每一个下属都等待着你分配任务,那么,你忙得过来吗?

上司希望看到你自动自发地围绕目标制订计划、开展行动,最

终拿成果复命。上司绝不会喜欢你每天"三请示五汇报",遇到困难就寻求帮助。身为部属,理应为上司排忧解难,分担责任,如果反而添加上司的负担,那就该认真反思自己存在的价值了。

自己制订计划、寻找方法、解决问题、取得成果,这是你必须学会的本领,因为这是一名管理者必须具备的基本素养,也是晋升的前提。你不具备这些基本的条件,又怎么指望组织能够提拔你呢?

自救法

以身作则

榜样的力量是无穷的。榜样是鲜活的教材,比空洞的理念、生硬的规定更有说服力、号召力和感染力。

榜样人物的行为能够激发人们的情感,引发人们的内省与共鸣,从而起到示范作用,激起模仿和超越的愿望。很多情况下,员工会将管理者的行为方式作为模仿对象。从一定意义上来说,组织的行为方式就是管理者的行为方式。

微软公司由于其创始人比尔·盖茨进取心强、富有竞争与冒险精神,因此,该公司也勇于进取,敢于冒险,这成为微软公司组织

行为方式的鲜明特色。

IBM 公司的情况恰恰相反，其创始人托马斯·沃森几乎为每一件事都制定了严格的规则，因而，IBM 公司的组织行为方式特征表现为稳健与保守。

如果你身为管理者，那么理应以身作则。要让公司员工相信你是认真负责的，要让员工看到你在带头做你要求他们做的事情。通过榜样进行领导，使理念成为看得见、摸得着的东西。

管理者率先示范，处处做下属的楷模，下属自然会受到影响，逐渐认同与模仿管理者的行为方式，并最终将其转化为下属自己的习惯。

在日本的企业家中，松下幸之助以他卓越的贡献建立了一座丰碑。他只有小学四年级的学历，白手起家，创立松下电器公司，在 70 余年的经营管理生涯中，历经曲折和坎坷，以不屈的意志和卓越的智慧锻造出神话般的企业。如今，松下电器公司是世界 500 强企业之一。

有一天，松下幸之助到车间视察员工工作。他看到装配线运转正常，员工们在各自的岗位上井然有序地工作着。在这个世界一流的现代化车间里，是很难找到什么不妥之处的。然而，松下幸之助还是发现了细微的问题，只见他弯下腰，捡起了掉落在地上的一块很小的碎纸片。

当松下幸之助弯腰去捡纸片时,一个对工作一丝不苟的行为标准被树立起来了。员工们确信他能发现地上那很小的、被别人忽视的小纸片,就能在任何其他工作上做得更好,也能带领公司生产出世界一流的产品。松下幸之助的这一形象激励着员工以精益求精的态度,不断提高自己的工作质量。

◎●做自己所说的

管理者是员工最易效仿的榜样,所以,管理者希望部属做到的,自己必须率先做到。如果管理者不检点自己的言行举止,那就不要希望在部属身上看到良好的言行。

无论你说了什么,都要付诸行动。以身作则就是要恪守承诺,就是要说到做到。

某公司提倡"诚信为本"的文化,总经理在各种公开场合反复宣讲"诚信为本"的理念。为了贯彻和强化这一理念,他组织了一次以诚信为主题的征文比赛,所有员工都必须参加,之后将优秀文章汇编成册,发给每一位员工。

可正是这位提倡"诚信为本"的总经理,却作出了违背诚信的行为——为了竞标成功,伪造公司资质;为了节约生产成本,产品以次充好······

这位总经理"说一套、做一套",根本无法让员工信服,那么,哪

一位员工会把他说的话当真呢?员工们不仅不会认同该公司所宣扬的诚信文化,而且深深地为总经理的虚假行径感到不齿,所谓的公司理念也成为空谈和一纸空文。再让我们看一段以身作则的范例:

日本东芝电气公司有一段时期曾遭遇业绩下滑、士气低落的局面,68 岁的土光敏夫受邀请出山,出任东芝电气公司总经理。当时,东芝电气公司内奢侈成风,经理室及部门主管办公室都备有专用浴室与厨房,而且还雇佣了专职厨师。土光敏夫第一天到任就拒绝了经理食堂的菜肴,他说:"不是有员工食堂吗?从那儿拿饭就可以了。"他决定,拆除各阶层领导干部的专用厨房设备,把经理的专职秘书调走,经理秘书由其他秘书兼任。这些举动震动了东芝电气公司的所有员工,土光敏夫用自己的言行为员工树立了榜样。

做自己所说的,具体而言,你需要做到:

第一,承诺别人的事情,必须在规定的时间内完成。如果无法完成,必须提前告知,并说明理由。

第二,自己做不到的事情,绝不强求别人做到。

第三,设法让自己的行动和成果公开、透明。你可以定期以文字形式向领导汇报自己的行动情况,向领导展示相关成果;或者在公开场合向大家讲述行动开展情况并展示成果。

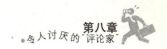

成为高行动力的实干家

制订好一份完美的计划,仅仅是工作的开始。从目标抵达成果的路程还很长,只有切实地迈出每一步,才可能走完全程。

这不是一条坦途,上面布满了障碍和未知的风险。很多半途而废的人并不是无法克服困难,而是因为缺乏足够的耐心。人们普遍存在一种渴望速成的弊病,他们会因为路途漫长、难以看到成果而选择放弃。

坚持不懈是必须具备的素质。任何目标在抵达成果之前,都意味着投入、代价、成本、支出,即使已经完成99%的目标,只要没有最终变为成果,都不具有价值。

高行动力的卓越人士做事绝不会虎头蛇尾。他们集中精力实现目标,这种集中必须是持续不断的——每分,每时,每日,每周都应如此。

◎●高度自律,远离时间窃贼

每完成一件事都需要时间,而时间是有限的。为了保证足够的时间来从事有价值的事情,在时间管理方面,你必须减少不必要的浪费,诸如:闲聊、无效的会议、在网上闲逛、抽烟、过度喝酒、看

无聊的电视剧……你必须对自己实施强有力的自律，让自己远离这些侵吞时间的窃贼。

美国权威的人类行为研究中心曾以 500 名 4 岁儿童为对象，做过一个长期的实验和追踪。研究者们将一颗非常美味的水果软糖放在孩子面前，然后离开孩子们。在临走之前，他们告诉孩子们："你可以选择吃掉这块糖，但如果在我回来之前你没有吃掉，那么，你将获得另外两块作为奖赏。"

实验的结果为：34％的儿童难以抗拒诱惑，在研究者回来之前吃掉了糖；另外的 66％则克服了诱惑，获得了额外的奖赏。

研究者们随后对这 500 名实验对象进行长期跟踪观察，发现那些成功克制诱惑的孩子在以后的个人发展中较那些难以克制诱惑的孩子取得了更好的成绩。

这一研究结果表明，人的自律能力影响着个人的发展。自律能力强的人，通常可以取得较常人更为出色的成绩。

很多人认为自律能力是与生俱来的性格特征，后天几乎难以培养。事实上，自律、耐性、坚持不懈这些美好的品质并非天赋，它们都可以通过后天的正确锻炼来获取，只要你愿意改变，并且对此深信不疑。

◎●将注意力转移到愉快的事情上

在上述的实验中,研究者们发现,那些成功抵御诱惑的孩子在漫长的等待过程中,并不是死死地盯着糖果,跟那个嘴馋的自己作艰苦斗争,而是通过多种有意思的方式来转移自己对糖果的注意力。

比如,有的孩子自言自语地说着故事,有的孩子用手捂住眼睛,有的孩子背诵学过的课文,有的孩子聚精会神地欣赏着窗外的风景,有的孩子蹲在地面用手指画画,有的孩子细细地数着墙面的缝隙,有的孩子调皮地跳起了舞蹈……总之,他们并没有多么痛苦地想象着自己正与摆在眼前的诱惑作斗争,而是通过做别的事情,将自己的注意力转移到其他事情上,从而将等待的过程变成了一个非常有趣味的游戏。

在通往成果的路途中,很多痛苦之所以难以忍受,是因为我们太在意痛苦本身,而不善于将注意力转移到愉快的事情上。很多时候,等待是痛苦的,那么,何不奖励自己一个可口的冰激凌,一边品尝美味一边消磨等待的时光呢?

如果面对一件事真的令你觉得很痛苦,那么,你要学会在"应付"这件事的时候,把注意力转移到其他事情上,尽力在其他事情上发现乐趣,这样会令你感觉良好。例如很多时候,我们不得不参加很多毫无意义的会议。我也曾被这些讨厌的会议折磨得够呛,可是,我不得不参加,并且还要努力装出非常认真的样子。为了减

少痛苦,我只能睁大两眼,"认真"地听着发言人夸夸其谈或者读发言稿,其实,我正在脑海中回忆一次美好的旅游经历呢!

◎●使目标看得见够得着

美国人类行为研究中心的研究者们还发现,即使是同一个孩子,告诉他们两个不同的等待时间,实验的结果会大相径庭。

如果告诉一个孩子,只要在半小时之内不吃掉糖果,他就会得到奖励,这个孩子可以非常轻松地克制诱惑。但如果告诉他需要等待一小时,他可能会在你刚刚离开房间后就不假思索地吃掉糖果。为什么?因为他觉得目标离自己太远了。

如果目标过远,远得让人觉得遥不可及,人们就不会牺牲时间来追寻它。因此,你要设法让自己觉得目标就在眼前,只要稍微踮起脚努力蹦一蹦就可以摘到它。

尽量将抽象的目标形象化。你需要经常想象成功之后的情景:你可能得到什么,听到什么,感受到什么,你的家人会怎样待你,你的生活将发生哪些变化……调动一切感官来感受即将得到的成功,你就会在潜意识里相信你真的获得了成功,从而会觉得目标离你其实很近,只是一步之遥而已。

将目标写在纸上,贴到床头、书桌、穿衣镜等常见的地方,虽然这个方法老得掉牙,但却非常有效。当你无时无刻都能看见目标的时候,你当然就可以牢牢记住它。

◎ ●请别人监督

　　所有人身上都存在惰性,如果身处在完全没有监督的环境中,就很容易滋生懒惰的恶习。在你读书期间,放寒暑假之前,你往往对假期生活有很多安排,并制订了计划,可最终实施的却寥寥无几。为什么?因为监督缺失。离开了学校,你很难管住自己的惰性,所以时间大多浪费在睡懒觉、看电视、闲逛等无意义的事情上。

　　别人的监督是对自己的一种促进。当你知道其他人正关注着你的行为,就会产生压力,害怕自己因做不好而丢脸。

　　某连锁店一直存在着员工上班偷懒、服务态度不好、不负责任、工作时间闲聊、乱丢垃圾、店面凌乱等问题,给客户造成非常恶劣的影响,导致公司损失惨重。

　　总公司为了改善这一现状,针对连锁店的各岗位制定详细的工作职责,委派专门负责人定期去店面监督、视察工作,但成效并不显著。

　　后来,总公司在各连锁店内装上监控摄像头,让所有员工都能清晰地看到自己的工作状态,没想到,糟糕的现状竟得到了极大改善。员工们看到视频影像中的自己,工作就认真了不少。

　　一位员工这样说:"店内装上监控摄像之后,我总觉得有人在看着工作中的自己,所以,工作就认真起来了。"

如果你希望得到别人的监督，就设法让别人知晓你正在从事的工作。不妨与别人讲一讲近期的工作计划，可能还会获得他们的帮助。如果一味埋头工作，别人根本不知道你在忙什么，资源当然不会与你共享。

如果大家都知道你正在从事的工作，当你遇到困难时，同事和领导就会给予支持。让别人知道你正在进行的工作，还是避免别人打扰的好方法。因为别人知道你正忙着呢，所以就不好意思麻烦你了。

你可以和别人约定好事情的完成时间，再根据约定的时间点反过来制订行动计划。日本畅销书作家胜间和代辞去工作开始自由职业者生涯之后，为了不让自己产生松懈的心态，避免"写作拖拖拉拉、停滞不前"的糟糕情况，她每周都会把写好的书稿和连载文章寄给相关的编辑。

第九章

杜绝个人的华丽表演

别被自己干掉 ·

职场自杀式 9：缺乏团队协作精神

马坤是某公司的销售人员，他能力突出，曾创下单月销售额过百万元的纪录，至今仍无人打破这个记录。

然而，马坤却不善于与团队其他同事合作。因为自己的业绩突出，所以他常常显得很高傲，对其他人取得的成绩很不屑。他不太乐意回答别人请教的问题，总是显得不耐烦。与别人分工协作时，他总觉得别人做不好，也不愿意花时间与别人深入地沟通。在他看来，与其浪费时间沟通，不如自己动手解决问题。

有几次，马坤与同事之间因合作问题闹得很不愉快，有一次竟然在办公室公开吵了起来，影响非常恶劣。

最终，公司为了在组织内维持良好的合作氛围，还是将马坤辞退了。

在职场中，与马坤类似的人不在少数。他们个人能力突出，却不善于团队协作。他们更喜欢孤军奋战、单打独斗，宁愿自己更辛苦一点，也不喜欢把事情委托给其他人。他们不善于沟通，甚至认为那是浪费时间。

由于无法有效地融入团队，他们往往处于孤立无援的状态，游

离于团队之外,而且与同事之间的关系紧张,工作无法获得幸福感。最终,他们被迫离职。

缺乏团队协作精神,是职场的一大禁忌。

个人英雄和团队协同

也许你曾经凭借一己之力,取得过相当不错的成绩;也许有时候,一个人独自作战比团队协作完成一件事情更高效。但是,这并不能成为你拒绝团队协作的理由。

◎●个人英雄主义

我们永远都不可能否定卓越人士所作出的贡献,那些彪炳史册的英雄人物,深刻地影响着人类的历史。

我们能够很轻松地找出优秀组织中的英雄人物,例如:挽救IBM的传奇人物格斯特纳,创造通用电气公司神话的杰克·韦尔奇,迪士尼公司的创始人迪士尼,打造沃尔玛超市的山姆·沃尔顿……如果我们愿意,还可以列举出很多。

当组织处于初创阶段,或者出现严重危机的时候,这些英雄们以其卓越的才华和坚定的意志,使组织得以生存和发展。他们的功绩不可磨灭。

很多人误以为,英雄人物就意味着独自战斗,似乎只有这样才配得起英雄称号。那些偏执的"独行侠"们不愿意与人合作,而更喜欢独自战斗。他们自视甚高,将自己看成能力超群、与众不同的人物。

事实上,卓有成效的英雄们比其他人更注重团队合作。可以说,他们巧妙地利用了团队的力量,从而成就其个人英雄主义行为。而"独行侠"们却因为缺乏团队协作精神,难以融入组织,与组织成员关系疏离。

◎●团队协作时代的来临

曾几何时,我们必须一个人独自面对升学的压力,独自解决成长的问题。你必须这样做,因为没有人可以代替你向前走,他们能做的只是给你引路以及站在路边拼命喊"加油"。

当你走出学校,踏入社会后,首先面临的问题就是如何与人合作。即便你选择做一名深居简出的"自由职业者",也依然要和客户或服务对象合作。没有人真的不需要合作,除非你已经不打算在地球生存下去了。

与人合作在当今社会变得越来越重要,因为我们的客户和服务对象越来越挑剔。与此同时,竞争也越来越激烈了,仅凭一己之力闯天下的时代已经一去不复返。正如松下幸之助所言:"一个人的能力即便再卓越,也如在黑暗中点灯,照亮的范围有限。"

团队协作的重要性越来越凸显了。一个人缘好的员工相比于

一个能干但缺乏团队协作精神的员工，往往更能够获得领导的赏识和重用。尤其是组织在选拔管理者的时候，无疑更在乎候选人的团队协作能力。为什么？因为一个团队协作能力强的人，可以带领团队成员一起，创造远远大于一个能力强的人所能取得的成果。要知道，团队协作的成果可能是个人成果的几十倍、几百倍甚至更多。

一意孤行只会成为绝缘体

你或许已经习惯了用"单挑"的方式去取得成果，而且，也确实取得了不错的成绩，你觉得这没有什么不好。而很多人参与一项工作，沟通成本骤增，很多事无缘无故被拖延，每个人的能力参差不齐，这些都令你对团队协作深感失望。

可是，如果因为这些原因而拒绝团队合作，坚持"一意孤行"，后果会是怎样呢？让我们看一个案例。

李勇是某公司销售部的"五虎将"之一。在公司初创阶段，"五虎将"曾经创下年销售额2000万元的惊人业绩，当时，公司的销售团队共有23人，他们占销售团队总销售额的56%。李勇是"五虎将"中的佼佼者，他的销售能力可见一斑。

随着公司的发展,公司的规模不断扩大,销售团队的人数逐渐增加,市场竞争日益激烈。在销售模式上,公司也要求由原来的单兵作战转变为团队协作,为此,公司将销售部按照区域划分为不同的组,每个组就是一个团队。

然而,李勇一直不愿意作出改变,他更喜欢一个人"单挑",觉得这样更简单、更自由、更高效。自信满满的李勇很快发现自己力不从心了。无论如何努力,他也难以超越曾经取得的辉煌,而且,他的业绩相比于其他人已经不再让人赞叹。

◎●具有团队协作精神才会被晋升

如果你拒绝团队协作,而且不打算改变单打独斗的方式,那么,你将永远不可能转型为管理者,不可能晋升为经理或者总监,总经理就更不用妄想了。因为所有的管理都建立在团队协作的基础上,没有团队协作精神,怎么指望你取得伟大的成果?

在残酷的市场竞争中,依靠个人英雄主义的单打独斗变得越来越艰难了,而团队协同作战越来越重要。团队成功的秘诀就是将个体组合成为一个相互联系、相互配合的整体,让整体效益大于个体效益之和,这也是团队存在的基本理由。团队已经成为企业参与市场竞争的主要武器。

人们曾为"如何对管理者进行考核"的问题困惑不已,因为管理者并不直接贡献成果。形象地说,管理者是组织的大脑,而部属才是组织的手和脚,所有的执行动作都应当由部属完成(当然,在

实际工作中,这一点几乎不可能做到)。所以,管理者对组织的贡献很难考量。

随着管理实践的丰富,人们逐渐意识到,管理者对组织的本质贡献,就是使组织成员更成功。管理者的贡献,就是组织所有成员的贡献之和。管理者的绩效完全来自于部属的绩效。因此,管理者必须擅长团队协作,通过团队协作的方式,提高组织的整体绩效。

因此,几乎所有公司在选拔管理者的时候,都将团队协作能力作为重点考察项目。如果你不具备这项能力,恐怕难逃被淘汰的命运。

◎●创业者更需要团队协作

如果以为老板不需要团队协作,那就大错特错了。自己当老板,更需要团队协作的精神。

吴申由于不愿意在公司与同事合作,便主动辞职创业。公司只有他和妻子两个人,刚开始,凭借自己多年积累的资源,他的公司取得了还算不错的成绩。

但是,吴申的公司总是做不大,因为留不住员工。虽然花费了相当多的时间和精力在招聘新人上,但还是无法留住他们。

原来,离职的员工一致觉得与吴申合作很困难。他总觉得别人做不好事情,根本不相信下属,下属稍有差错就严厉批评。

吴申由于缺乏合作精神，严重限制了公司的发展。创业者必须具备团队协作精神，否则，难以成就一番事业。可以说，团队协作能力是每一位经营者和管理者必须具备的能力。如果不具备这种能力，那么，注定你无法以团队工作的方式开拓一番事业。

加在一起才能成大事

管理大师彼得·德鲁克曾说过，用团队协作的方式工作，可以发挥人们的长处，规避人们的短处，从而取得大于个体相加之和的成就。

◎●团队协作可以用人所长

我们绝大多数人只具有几个长处（甚至只有一个）。鲁迅先生对地质、民俗、美术、文学史等方面都有研究，但突出的成就在文学上。达·芬奇也是一个多才多艺的人，他涉猎的领域包括医学、天文、哲学、音乐、生物、地理、建筑等，但令他名垂史册的还是在绘画上的造诣。

事实上，我们只要有一个明显的长处，就算得上有用之才了。但是，仅凭一技之长而希望有所成就，那是相当不易的事情。团队协作恰恰解决了这个困难。当各怀所长的人聚在一起，为一个目

标而努力,就可以很容易地取得成果。

一位创意十足却不懂营销的研发者,独自行动时可能因无法将自己研发的产品销售出去而遭遇失败。但是在一个团队中,完全可以由精通营销的高手专门负责产品销售,那样很可能就会收获成功。

在当今社会,组织与组织之间的合作呈现出越来越紧密的趋势,全球领域内的合作也比以往更加频繁,人们越来越感受到合作带来的好处——各自发挥所长,各司其职,互通有无,这是节约成本、提高效率的好方法。

组织尚且如此,何况我们个人呢?如果拒绝团队协作,你根本不可能完成很多事情。为了给一家大客户提供最佳的解决方案,你必须与不同部门的同事,甚至与不同公司的人一起协作。

◎●以组织为荣

以组织为荣——这似乎只是一句口号,你甚至可能对这句话嗤之以鼻。那么,让我们先看一个年轻人的故事。

这位年轻人成功应聘到安联电工公司,虽然只是普通的推销员职位,但他很珍惜这个工作机会,而且由衷地热爱公司。

年轻人每次出差住旅馆,在签名的时候,总是在姓名后面加一个括号,写上"安联电工"四个字,在平时的书信和收据上也这样写,天天如此,年年如此。"安联电工"的签名一直伴随着他,他的同事

们送了他一个"安联电工"的绰号,他的真名竟渐渐被人们淡忘了。

后来,他逐步被提升为组长、部长、副总,直至成了安联电工公司的总经理。

这位年轻人由衷地以组织为荣,因为这种发自内心的荣誉感,他才会在工作中尽心尽责,才会对客户和同事满怀热情,才会创造好的成绩,才会获得领导的认可。可以说,他最终登上总经理的高位,与他由衷地热爱组织不无关系。

曾有一个人,将自己的一辆丰田汽车停在街边,然后去商店采购货物。从商店出来的时候,他看到一位老人正在擦洗他的车。他疑惑地向老人询问情况。老人反问:"你是这辆车的主人?"他点点头。老人竟严厉地批评道:"我从没见过比这更脏的丰田车了!我曾经是丰田汽车公司的员工,我不允许这么脏的丰田车还在路上开来开去。"

有一位大学校长曾说过这样的话——无论从哪所学校毕业,无论那所学校怎么样,你都不要说它的不好,因为它代表了你的过去。你曾经就读的院校,是给予你精神食粮的地方,代表了你的求学经历。当你肆无忌惮地贬低毕业院校时,难道不是在否定自己吗?同样的道理,当你对现在的组织大放厥词的时候,岂不是在贬低自己吗?别忘了,你与组织是紧密捆绑在一起的。

自救法

记住你的角色

你在团队中扮演什么角色？你承担的责任是什么？你为谁负责？你需要得到哪些资源支持？你需要为团队提供什么结果？你身在作业流程的什么位置？……这些问题都影响着你在团队中所发挥的作用，以及你为团队所提供的价值。

融入团队，与团队建立良好的协作关系，你必须首先思考以上问题。你在团队中的角色定位决定着你是否最终产出价值，也决定着团队对你的评价。

如果团队希望你在成本控制方面发挥作用，而你却孜孜不倦地在流程改造方面用功，那么，结果可能是你很努力但无法获得肯定。

团队就像一部机器，而每一个个体都是这部机器上的零件。完美的团队，所有零件都是不可替代的，而且发挥着不可替代的作用。你必须承担属于自己的那部分责任。不越位，不缺位，这样才是有效的团队协作。

◎●将团队目标刻在石头上

你必须牢记团队的目标。人们之所以聚在一起以团队协作的方式工作,就是为了实现一个共同的目标。

团队必须有而且只能有一个目标,团队协同所产生的结果也只有一个。也就是说,所有的团队成员必须为了一个共同的结果一起努力。就像拔河比赛一样,所有人的力量必须集中在一个方向上,这样才能发挥效用。如果每一个人的用力方向都不同,那怎么可能产生作用呢?

如果你是团队的领导者,那么,你必须设法让所有团队成员都清晰地知道共同目标是什么。为了让每一位团队成员都牢记目标,你必须设法将目标具体化。具体来说,你可以用生动而形象的语言描述目标。比如,你可以这样说:"今年,我们的产品在本市的覆盖率要达到30%,也就是说,如果你是本地人,那么你的10位亲戚中就要有3位在使用我们公司的产品。"

描述目标的语言要积极向上,具有正向激励作用。不要用"不低于"、"争取"、"降低客户流失率"等具有消极意义的词误,而改用"高于"、"必定"、"提升客户满意率"等。

将这些共同目标写下来,贴在人们常常看到的地方,这也是不错的做法。

身为组织的领导,必须设法使每一位组织成员都认同目标。首先,组织的目标必须与每一位成员的利益相关,也就需要在组织

内部建立利益共享机制，合理分配利益才能够最大限度地激发组织成员的工作热情。其次，目标设定后，必须由领导者组织所有团队成员，围绕目标展开讨论，让团队成员自己提出实现目标的策略与方法。再次，在目标实施过程中，领导者需要与所有成员一起，定期召开反省会，审视组织行为是否指向目标，如果偏离了，应该及时修正相关的行为。

内部服务意识

我们常常看到，有些人对待客户，可以用极尽恭维和顺从来形容，对客户的任何要求都想方设法给予满足，毫不怠慢——这当然可以理解，因为客户是衣食父母，令客户满意也是理所应当。

然而，他们在对待同事方面，却与此形成了极大的反差。同事的求助，他们以各种理由搪塞；交付给同事的工作成果，他们马马虎虎；与同事合作，他们悄悄偷懒；一旦问题出现，他们想方设法将责任推卸到同事身上。

某知名集团公司实行事业部的经营体制。所谓事业部制，简而言之，就是各部门独立核算成本与利润，相当于子公司。

该集团公司的马达事业部负责为其他事业部提供马达，但是，其他事业部经过认真核算,发现采购成本比外面的公司还要高,而且马达事业部的同事完全没有好的服务态度。因为大家是同事关系,碍于面子,反而不好意思责备。

于是,其他事业部的负责人联名要求取消采购限制,以便向外面的公司采购马达。集团公司的领导得知此事,感到非常惊讶,为什么自己公司的人却不采用自己公司生产的马达呢?经过调查后才发现,原来是由于马达事业部严重缺乏内部服务意识。

大多数人都以为自己的服务对象是外部客户,至于自己的同事,因为是"自己人",所以马虎一点、怠慢一点也无所谓,反正也不会因此丢掉订单。这样的认识大错特错。无论是外部客户还是内部同事,我们都必须抱着负责任的态度,以良好的服务态度对待他们。

后　　记

这本书的内容，是我在职场多年经验的总结。

为了更深刻地揭示我们在职场常常犯的错误，我的表述比较直接，如果因此而有伤读者的自尊心，我在此先行致歉。不过，请大家相信我的苦心。所谓忠言逆耳，希望我的这本书也能够"利于行"。

我相信，只要付出努力，每一个人都可以对书中阐述的 9 种"自杀式"行为说再见，同时走向人生的辉煌。我也曾犯过很多错，恐怕以后还会犯错，幸运的是，我一直在努力改正它们。我一直认为，犯错并不可怕，只要勇于改正，就能够进步。

在写作本书的时候，我的家人看到我为了找到更恰当的表达方式而苦思冥想，逐字逐句修改、润色，便问："你觉得累吗？"

我回答道："一点也不累。"我并不是在宽慰他们。做自己热爱的事情，不仅不会觉得累，反而会觉得幸福。幸福地做自己热爱的事情，这是何等畅快！幸甚！幸甚！

这本书的出版，凝聚了很多人的心血，尤其是本书的责任编辑，在此表示由衷的感谢。

感谢读者阅读本书。祝愿大家幸福！

图书在版编目（CIP）数据

别被自己干掉：职场人不可不知的 9 种自救法/潘
竞贤著. —杭州：浙江大学出版社，2012.7
ISBN 978-7-308-10078-6

Ⅰ.①别⋯ Ⅱ.①潘⋯ Ⅲ.①职业选择—通俗读物
Ⅳ.①C913.2－49

中国版本图书馆 CIP 数据核字（2012）第 120197 号

别被自己干掉：职场人不可不知的 9 种自救法

潘竞贤　著

策　　划	蓝狮子财经出版中心	
责任编辑	陈静毅	
出版发行	浙江大学出版社	
	（杭州市天目山路 148 号　邮政编码 310007）	
	（网址：http://www.zjupress.com）	
排　　版	杭州大漠照排印刷有限公司	
印　　刷	浙江印刷集团有限公司	
开　　本	880mm×1230mm　1/32	
印　　张	7.125	
字　　数	146 千	
版 印 次	2012 年 7 月第 1 版　2012 年 7 月第 1 次印刷	
书　　号	ISBN 978-7-308-10078-6	
定　　价	30.00 元	
